VIE INTIME

DE

SAINT ANSELME AU BEC

205. — ABBEVILLE. — TYP. ET STÉR. GUSTAVE RETAUX.

VIE INTIME

DE

SAINT ANSELME AU BEC

OU

ÉTUDE HISTORIQUE ET PSYCHOLOGIQUE

SUR

SAINT ANSELME

CONSIDÉRÉ COMME LE REPRÉSENTANT
LE PLUS ACCOMPLI DE LA VIE INTIME DU CLOITRE AU XI° SIÈCLE

PAR

M. L'ABBÉ RAGEY

ancien professeur de Philosophie

PARIS

G. TÉQUI, LIBRAIRE-ÉDITEUR

6, RUE DE MÉZIÈRES, 6

1877

PRÉFACE

Les grandes figures des saints du moyen âge nous apparaissent à travers la distance des temps et les ombres de l'histoire comme ces vieux monastères aux arceaux brisés et aux colonnes revêtues de lierre que le voyageur découvre dans le lointain, à demi enveloppés dans les brumes d'automne. Elles sont belles encore, mais voilées ; majestueuses et pourtant amoindries. Grandioses et poétiques débris ! Mais ce ne sont que des débris.

Ainsi en est-il en particulier de l'admirable figure de saint Anselme.

Pendant ces trente dernières années cependant de nombreux travaux ont été faits sur saint Anselme en France, en Angleterre et en Allemagne (1).

---

1. En 1841, M. Bouchitté, professeur à Versailles, publiait la traduction du *Monologium* et du *Proslogion* sous le titre d'ailleurs inexact de *Rationalisme chrétien*.

En 1844 M. de Montalembert réunissait dans un opuscule deux articles qui avaient d'abord paru dans le *Correspondant* et où il esquisse à grands traits la figure de saint Anselme.

L'année 1848 vit paraître les *Méditations de saint Anselme traduites par M. Denain.*

Mais les auteurs de ces travaux dont plusieurs sont
vraiment remarquables se sont placés à des points
de vue particuliers, et n'étudient ce grand homme
que par certains côtés ; les uns l'envisagent sous
un aspect, les autres sous un autre ; aucun ne
s'est appliqué à le faire connaître d'une manière

En 1853 une notice biographique, philosophique et littéraire sans nom d'auteur fut publiée sous ce titre : *Saint Anselme*. En cette même année M Charles de Rémusat donnait
au public dans un volume intitulé : *Saint Anselme de Cantorbéry* une étude sur la vie et les œuvres de saint Anselme
remarquable à plusieurs points de vue mais entachée de rationalisme.

En 1859 parut un travail sérieux de M. l'abbé Croset-Mou-
chet : *Saint Anselme de Cantorbéry. Histoire de sa vie et de
son temps*. A la même époque M. Charma professeur à Caen
publiait une petite biographie : *Saint Anselme d'Aoste* ; et
M. Emile Saisset étudiait la philosophie de saint Anselme et
un peu aussi son caractère et sa vie dans un volume où, sous
le titre de : *Mélanges d'histoire, de morale et de critique*, il
réunissait des articles qu'il avait d'abord publiés dans la *Revue
des Deux-Mondes*.

Voilà pour la France.

L'Angleterre ne pouvait rester indifférente à l'égard d'un
personnage mêlé aux plus grands événements de son histoire,
et dont un des mérites est d'avoir compris le caractère et le
génie de ce noble peuple et de l'avoir soutenu dans ses mal-
heurs.

En 1843, M. Scratchley consacrait un article à saint Anselme
dans son *Dictionnaire biographique, Biographical Diction-
nary*.

En 1846 M. Wright donnait une courte notice de sa vie dans
sa *Biographia Britannica litteraria*.

En 1871 sous ce titre : *Vie de saint Anselme, life of saint
Anselm*, parut un volume dû à la plume élégante de M. Church
pasteur protestant de Whatley et composé d'articles déjà connus, mais retouchés, qu'il avait d'abord donnés à la revue
British crtiic puis publiés dans un volume de *Mélanges*. L'auteur se propose, il nous en avertit dès les premières lignes de
de sa préface, « d'esquisser rapidement l'histoire d'un person-
« nage qui, soit comme penseur, soit comme chef chrétien
« (christian leader) soit comme homme, fut l'un des carac-
« tères les plus remarquables et les plus attrayants qu'offre le
« moyen âge. »

Saint-Anselme est trop éminent comme penseur et a joué

complète ; tous laissent dans l'ombre sa vie intime.
Aussi peut-on dire aujourd'hui encore ce que
M. de Montalembert écrivait il y a trente ans :
« Les siècles de foi sont encore si mal connus que
« la plupart des catholiques même ne voient dans
« saint Anselme qu'un grand métaphysicien. »

Et cependant saint Anselme n'est pas seulement
un grand métaphysicien ; il est en même temps
un grand moine et un grand archevêque, un grand
professeur, un grand prédicateur, un grand directeur
des âmes, et par-dessus tout un grand saint. Saint
Anselme est le restaurateur des lettres et le propagateur de la vie monastique au XIe siècle, un des
plus illustres représentants de la magnifique
science du symbolisme et l'un de ceux qui ont le
plus contribué à la populariser au moyen âge, le
l'adversaire déclaré du rationalisme naissant, le

un rôle trop considérable dans son siècle pour n'avoir pas
attiré, sous ce double rapport, l'attention de la critique alle-
mande.

M. Frank en 1842 et M. Hasse en 1843 ont écrit chacun un
ouvrage portant le même titre: *Anselm von Canterbury, Anselme de Cantorbéry* dans lequel ils s'attachent surtout à apprécier son enseignement philosophique. M. Frank reproche à
saint Anselme de manquer de la *liberté subjective* de l'esprit
et de partager beaucoup des faiblesses de sa mère, c'est à-
dire, en d'autres termes, de n'être pas rationaliste. C'est là, il
faut en convenir, un reproche parfaitement mérité.

A ces ouvrages publiés en France, en Angleterre et en
Allemagne, ajoutons un petit volume, fruit du travail intelligent d'un curé du diocèse de Tournay, en Belgique : *Saint
Anselme, archevêque de Cantorbéry, sa vie et son traité des
motifs de l'Incarnation.* C'est la traduction du principal ouvrage
théologique du saint docteur précédée d'une courte notice sur
sa vie.

père de la scolastique, l'homme de la solitude et l'homme de la lutte, l'oracle du cloître et le conseiller des rois, en un mot, il est le saint Bernard du xie siècle. Et même il reçut de Dieu et remplit avec éclat une mission qu'eût enviée saint Bernard, la mission de resserrer les liens à demi brisés qui unissaient la Grande-Bretagne au Saint-Siége et de sauver l'Église d'Angleterre d'un schisme imminent en la protégeant contre le despotisme brutal de Guillaume-le-Roux et contre la politique astucieuse de Henri Ier. Saint Anselme est un des plus beaux types du dévouement au souverain pontife, et l'un des plus vaillants athlètes qui aient jamais combattu pour la liberté de l'Église.

Nous nous sommes demandé s'il ne serait pas possible de peindre, dans un seul ouvrage, ce grand saint sous toutes ses faces, de retrouver, jusque dans ces vivants détails qui touchent et édifient, les traces de sa vie intime, de reconstituer sa physionomie intérieure complétement inconnue, de dégager cette splendide figure des ombres qui l'environnent de manière à pouvoir dire à notre siècle en la lui présentant: Voilà saint Anselme! Voilà ce saint dont l'imposante grandeur vous attire quoique voilée comme ces montagnes dont les cimes majestueuses se dressent au milieu des nuages, et vers lesquelles se dirigent tous les regards. Longtemps nous avons reculé devant une

tâche que nous jugions au-dessus de nos forces ;
mais en y regardant de plus près il nous a semblé,
qu'après tout, cette tâche effrayante, le travail et l'a-
mour passionné d'un saint pouvaient la rendre
possible. Il ne s'agit en effet que de compulser
avec patience et amour, et de reproduire avec simplicité les nombreux documents que l'histoire nous
a laissés sur saint Anselme.

Quatre historiens contemporains ou à peu près
contemporains du saint, Jean de Salisbury, Orderic Vital, Guillaume de Malmesbury, Guillaume
Calcul, nous ont laissé des ouvrages où l'on trouve
rapportés les faits les plus importants de sa
vie (1).

Bien plus, nous avons une biographie authentique de saint Anselme composée de son vivant,
sous ses yeux, par son secrétaire intime, le moine
Eadmer, revue et corrigée par le saint lui-même.
L'ouvrage d'Eadmer, *Vita sancti Anselmi cantua-
riensis archiepiscopi*, est divisé en deux livres dont

---

1. Jean de Salisbury : *Vita S. Anselmi arch. Cant.*
   Orderic Vital : *Historiæ ecclesiasticæ* libr. XIII.
   Guillaume de Malmesbury : *De gestis Regum. De gestis
pontificum. Historiæ novellæ.*
   Guillaume Calcul : *Historiæ Normannorum* libri VIII.
   Orderic Vital, Guillaume de Malmesbury et Guillaume Calcul
sont des noms qui font autorité en histoire.
   A ces ouvrages il faut en ajouter un autre qui n'a pas moins
de valeur et d'autorité et qui offre également de grandes res-
sources pour l'histoire de saint Anselme : c'est la Chronique
de Mathieu Paris, *Historia major Angliæ*, écrite au XIIIᵉ siècle,
et qui va de 1066 à 1259.

le premier va jusqu'à la nomination de saint Anselme à l'archevêché de Cantorbéry et le second jusqu'à sa mort (1). « La majeure partie de ce que
« contient le premier livre, dit Eadmer, je l'ai en-
« tendue de la bouche du père Anselme lui-même.
« Homme de l'entretien le plus agréable, il aimait
« à raconter, comme en jouant, avec une extrême
« simplicité, ce qu'il avait fait depuis son enfance
« et à diverses époques de sa vie. Quant aux mi-
« racles semés dans cette partie du récit, je les ai
« recueillis en écoutant Baudoin, Bozon, Riculfe,
« tous religieux du Bec, qui disaient en avoir été
« les témoins, quelquefois même les sujets, ou
« qui les tenaient de gens disant les avoir vus.
« Pour ce qui a rapport aux faits racontés dans le
« second livre, j'ai moi-même presque tout vu ou
« entendu, n'ayant point quitté le père Anselme
« depuis son avénement à l'épiscopat. Écrire sciem-
« ment le faux dans une histoire sacrée, je le tiens
« pour une chose défendue ; car il y a, dans
« ce cas, perte d'âme pour l'écrivain, chaque fois
« qu'il trouve un lecteur ; c'est comme si chaque
« fois sa bouche criminelle renouvelait le men-
« songe.

« Enfin j'avais mis la main à l'œuvre et déjà
« transcrit sur parchemin une grande partie de ce

1. Cet ouvrage se trouve dans les *Bollandistes*.

« que j'avais écrit sur tablettes de cire quand un
« jour le père Anselme me prit à l'écart et me
« demanda ce que j'avais à écrire et à transcrire
« continuellement ainsi.

« Je voulus me taire ; mais il m'ordonna de re-
« noncer à mon travail ou de le lui montrer.
« J'obéis, espérant que puisque son secours m'a-
« vait déjà tant aidé, il m'indiquerait les correc-
« tions à faire et les choses à mettre en meilleur
« ordre. Et en effet il rectifia, il transposa, chan-
« geant ici, approuvant là. Mais comme peut-être
« dans ma joie je m'enorgueillis plus que de
« raison de l'appui et de l'autorité qu'il donnait à
« mon œuvre, il me fit appeler quelques jours
« après, et me prescrivit de détruire entièrement
« mes cahiers, se disant indigne de louanges trans-
« mises à la postérité par un monument littéraire
« de quelque valeur. J'étais fort contrarié ; n'osant
« pourtant pas lui désobéir tout à fait et ne vou-
« lant pas anéantir mon ouvrage, je détruisis,
« comme il l'avait dit, mes cahiers, mais après
« avoir préalablement rempli d'autres cahiers de
« tout ce que les premiers contenaient ; action
« toutefois qui n'est peut-être pas exempte du
« péché de désobéissance, car j'ai exécuté son
« ordre autrement qu'il ne l'entendait. Si donc
« quelques-uns de ceux aux mains desquels tom-
« beront ces feuilles trouvent dans ma narration

« quelque chose qui leur plaise, qu'ils daignent
« prier pour que ce péché, comme tous mes autres
« péchés, me soit pardonné, et que le fardeau ne
« m'en accable pas au point de m'empêcher de
« parvenir jusqu'à celui dont j'ai écrit, du style
« que j'ai pu, la vie et les actions ; car elle ne
« saurait me sortir de l'esprit la réponse qu'il me
« fît, une fois que je lui demandais, puisqu'il m'a-
« vait pris ici bas pour compagnon de ses travaux,
« de me rendre participant de sa récompense. Il
« me dit qu'il le ferait avec joie, mais que j'eusse
« soin seulement de ne pas me rendre trop pesant
« à enlever (1).»

Tout dans les récits d'Eadmer révèle l'historien
naïf, ingénu, candide, sincère jusqu'au scrupule
et incapable d'embellir tant soit peu la vérité,
même pour faire admirer davantage son cher
saint. Il raconte avec une simplicité charmante,
et l'on retrouve, à chacune de ces pages si simples,
l'empreinte des traits du saint qu'il contemplait
en écrivant.

Dans son ouvrage, *Vita S. Anselmi*, Eadmer

---

1. Suppl. Eadm. libr. de *Vit. S. Anselmi*. S. Anselmi opera
studio Gabrielis Gerberon edita. Lutetiæ, anno 1721.
  L'édition Gerberon, Paris, 1675, que nous avons suivie et à
laquelle se rapportent nos citations, ne contient pas ce sup-
plément. Cette édition, comme toutes celles de Gerberon,
donne une critique des œuvres du saint, *Operum S. Anselmi
censura*, où l'on trouve des indications utiles même pour sa
biographie. Elle est, ce nous semble, la meilleure de toutes les
éditions des œuvres de saint Anselme.

s'applique de préférence à rapporter les faits qui se rattachent à la vie privée du saint ; il a pris soin de nous conserver ceux qui ont rapport à sa vie publique dans un autre ouvrage intitulé : *Historia novorum*, où il écrit en même temps l'histoire de l'Angleterre de 1066 à 1122 (1).

Mais la vraie vie du Saint n'est pas là encore.

Dans tout homme, et particulièrement dans les saints, il y a en quelque sorte deux vies : l'une qui paraît au dehors, l'autre qui reste cachée. Cette dernière est constituée par ces opérations à la fois délicates et fécondes que l'âme humaine accomplit incessamment dans ces mystérieuses profondeurs où notre œil de chair ne saurait pénétrer : c'est là qu'est l'homme, c'est là qu'est le saint. Or ces documents que nous venons de citer nous font bien connaître la vie extérieure de notre saint, mais ils ne soulèvent pas le voile qui couvre le mystère de sa vie intime. Souvent cette partie de la vie des saints qui

1. Les éditions des œuvres de saint Anselme par Gerberon renferment ces deux ouvrages d'Eadmer, et elles donnent sur le second des notes dans lesquelles il y a plus d'un renseignement utile à glaner : *Johannis Seldeni in Eadmeri historiam notæ.*

« Les savants estiment l'histoire d'Eadmer plus que toutes « celles d'Angleterre, et les plus grands ennemis même du « parti de cet historien n'ont pu refuser de reconnaître sa bonne « foi, tant il a été exact et fidèle à marquer les choses comme « elles se sont passées. » Le *Journal des savants* du 20 janvier 1676, page 16, cité par Dom Tassin dans son *Histoire littéraire de la Congrégation de Saint-Maur*. Bruxelles, MDCCLXX.

1.

n'a d'autres témoins que Dieu et ses anges et qui est de beaucoup la plus belle et la plus précieuse n'est écrite que dans le ciel. Mais il n'en est pas ainsi de la vie intime de saint Anselme. Elle a été écrite non plus par Eadmer, mais par le seul historien qui fût capable de nous la révéler et de nous la peindre, par saint Anselme lui-même. Le saint nous a laissé dans ses ouvrages, mais principalement dans ses *Lettres*, ses *Méditations* et ses *Prières*, l'empreinte de sa physionomie intérieure et l'histoire de son âme. En lisant, en étudiant, en traduisant, en approfondissant, en rapprochant et en comparant, en examinant de près et pour ainsi dire à la loupe les divers écrits du saint, nous y avons découvert une vie de saint Anselme pleine d'intérêt et singulièrement édifiante, une vie vraiment neuve et inconnue jusqu'ici qui nous a ravi d'enthousiasme et d'admiration et nous a plus d'une fois ému jusqu'aux larmes.

Il nous reste quatre cent cinquante lettres de saint Anselme dans lesquelles, comme l'a très bien remarqué M. de Montalembert, « il faut « chercher la véritable clef de son caractère et « de son histoire (1). » Le plus souvent ce sont des lettres d'affaires ou des confidences. Les premières étudiées avec soin — ce que l'on n'a

1. En note au bas de la page 19 de l'opuscule cité plus haut.

pas encore assez fait — environnent de lumière bien des points obscurs de la vie extérieure du saint (1). Les secondes nous révèlent sa vie intime. Nature essentiellement communicative, saint Anselme livrait à ses amis tous les secrets de son âme. Ce caractère des lettres de notre saint a frappé M. de Rémusat lui-même, quoiqu'il ne les ait étudiées qu'en littérateur, sans se préoccuper de chercher à y découvrir les mystiques beautés de sa vie cachée. « L'homme, dit le spirituel « académicien, l'homme s'y traduit souvent dans « l'écrivain. Les lettres d'Anselme ont éminemment « ce mérite d'un naturel relatif; il s'y peint avec « une sincérité persuasive. Toutes les préoccupa- « tions de son esprit, toutes les agitations de son « existence, toutes les inquiétudes de sa vertu, « scrupules, regrets, craintes, espérances, vives « amitiés, bienveillantes remontrances, sévères « conseils, tout est réuni dans ce précieux re- « cueil; tout le remplit et l'anime d'un intérêt « doux et soutenu. Tout y révèle l'intime secret « de cette âme qui ne connut que deux choses : « les affections et les principes, aimer et pen- « ser (2). »

1. Elles ont souvent besoin à leur tour, pour être bien comprises, d'être éclairées par une connaissance approfondie de la vie du saint. Les *Annotationes Johannis Piccardi in S. Anselmi Cant. arch. epistolas* peuvent déjà éclaircir bien des difficultés.

2. *Saint Anselme de Cantorbéry.* Livre II, ch. 2, 2ᵐᵉ édit.

Les *Méditations* et les *Prières* nous montrent le saint dans ses rapports avec Dieu. Elles nous laissent apercevoir son âme transfigurée par la grâce et resplendissant d'un éclat et d'une beauté que ne sauraient donner les plus riches dons de la nature et qui est le commencement de l'éternelle gloire.

Jusque dans ses écrits philosophiques et théologiques, principalement dans le *Monologium* et le *Proslogion*, on voit se réfléter, comme dans un limpide miroir, non-seulement l'esprit, mais encore l'âme tout entière du saint docteur. Là aussi « l'homme se traduit souvent dans l'écrivain. »

Il faut joindre aux écrits du saint, pour achever de peindre sa physionomie intérieure, un recueil des plus précieux dans lequel Eadmer nous a conservé sous ce titre : *De S. Anselmi similitudinibus, Des similitudes de saint Anselme*, les paroles de son cher et vénéré père qui l'avaient le plus frappé. « Il me semble, dit-il avec raison, qu'on ne pour-« rait bien connaître la vie d'Anselme si l'on s'ar-« rêtait à ses actions et qu'on ignorât ce qu'il était « dans ses entretiens (1). »

Il n'est donc pas impossible, on le voit, d'écrire une histoire complète de saint Anselme. Après avoir longtemps travaillé à cette œuvre, nous

_____

1. Eadm. *Vit. S. Anselm.*, lib. I.

avons reconnu, au moment où nous la regardions comme terminée, que de nouvelles recherches et de nouveaux voyages étaient sinon nécessaires, du moins grandement utiles pour lui donner toute la perfection qui dépend de nous : nous ne reculerons devant aucun sacrifice, devant aucun effort.

Le travail que nous publions en ce moment n'est pas l'histoire de notre saint : il ne parle pas de l'archevêque ; ce n'est pas non plus l'histoire complète du moine ; c'est, comme son titre l'indique, une étude historique et psychologique sur saint Anselme considéré comme le représentant le plus accompli de la vie intime du cloître au xɪᵉ siècle (1).

C'est d'abord une étude historique, une étude à part et formant un tout indépendant et complet. Elle répond à cette question : Que se passait-il donc dans ces monastères du moyen âge encore si peu connus de nos jours ? Nous allons, guidés par des documents historiques remontant à cette époque, pénétrer dans un de ces intérieurs monastiques qui pourra nous donner une idée des autres. Qu'y trouverons-nous ? « La nuit, le vide,

----

1. « On ne peut contester à saint Anselme, dit avec raison « M. de Rémusat, l'honneur de complétement personnifier « l'Église du moyen âge. » *Saint Anselme de Cantorbéry.* — Introd.

« les ténèbres, une brume de l'hiver mêlée à une
« vapeur du tombeau, une sorte de paix effrayante,
« un silence où l'on ne recueillait rien, pas même
« des soupirs, une ombre où l'on ne distinguait
« rien, pas même des fantômes (1) ? » Non ; mais au
lieu de toutes ces funèbres imaginations nous y
rencontrerons la lumière de l'intelligence et la joie
du cœur, une paix suave, l'amitié sous ses formes
les plus délicates et les plus tendres, le bonheur
qui épanouit l'âme en Dieu, le vrai bonheur.

Que dire à ces naïfs ignorants pour qui les monastères sont des « repaires de la dévotion ter-
« rible (2) » et à qui la seule idée d'un cloître fait
passer des frissons parce qu'ils ont lu dans un
roman que « le cloître catholique proprement dit
« est tout rempli du rayonnement noir de la
« mort (3) ? » Un seul mot : au lieu de lire des
romans, lisez donc l'histoire ! Elle n'est pas seulement plus instructive, elle est cent fois plus intéressante et plus belle que tous les romans.

C'est au moyen âge que l'ignorance, la fantaisie
et la mauvaise foi placent de préférence ces fosses
ténébreuses et froides où étaient enterrées des âmes
toutes vives. Eh bien ! voici devant nous un de ces
cloîtres transformés en tombeaux ; ce prétendu

1. *Les Misérables.* Livr. VI, ch. 1.
2. *Ibid.* Livre VII, ch. 2.
3. *Ibid.*

tombeau va s'ouvrir et nous apparaître tout rempli du rayonnement splendide et gracieux de la vie dans ce qu'elle offre de plus aimable et de plus pur ; et dans ce rayonnement qui perce l'obscurité accumulée par huit siècles nous allons voir prier, parler, travailler, comme des abeilles dans leurs ruches, tout un essaim de moines. Car derrière saint Anselme nous apercevrons une nombreuse famille monastique dont il est le père, le directeur, le modèle et en quelque sorte la règle vivante. Saint Anselme est la plus haute expression de la vie monastique au XI° siècle comme saint Bernard est la plus haute expression de cette même vie au XII°.

Tel est le premier point de vue auquel il est nécessaire de se placer pour comprendre le vrai sens de ce travail, la pensée qui l'inspire et sa raison d'être.

De plus, ce livre est une étude psychologique, et c'est là son côté le plus intéressant et le plus élevé, mais, nous en convenons, le plus difficile à saisir. Aussi ne s'adresse-t-il pas à tous, mais à ceux-là seulement qui comprennent déjà ou du moins sont capables d'arriver à comprendre que, dans les annales du monde, rien n'est beau comme l'histoire d'une âme ; que les âmes les plus grandes sont aussi celles qui éprouvent le plus le besoin de concentrer en elles-mêmes leur force, leur beauté, leur vie (1) ; que cette vie concentrée à l'intérieur par la sainteté ou le génie, ou même, comme cela arrive ici, par les deux à la fois, offre le plus ravissant spectacle qu'il soit donné à l'homme de contempler ici-bas.

Mais ce spectacle, comment parvenir à le peindre?

Saint Anselme, nous l'avons déjà dit, a tracé de sa propre main le tableau de sa vie intime ; or, qui ne le sait, quand le pinceau d'un grand maître a légué à la postérité une œuvre de génie, il suffit d'un talent vulgaire uni à un patient labeur pour la reproduire sur la toile en des traits qui, bien qu'affaiblis, sont pourtant encore capables d'instruire et d'émouvoir. Aussi n'avons-nous cherché ni à embellir, ni à amplifier, mais à reproduire et pour ainsi dire à calquer. Nous aurions voulu pouvoir bannir de notre récit jusqu'à ces expressions enthousiastes par lesquelles se trahissent involontairement l'amour et l'admiration, et peindre saint Anselme comme les évangélistes ont peint Notre-Seigneur : on n'aperçoit plus le tableau, on

1. « Les hommes intérieurs, disait en 1833 le célèbre poëte Mickiewicz dans une lettre adressée à des jeunes gens, les hommes intérieurs font comme les pilotes dans la tempête, ils se placent au gouvernail, ils regardent le ciel, ils se remuent peu ; à peine s'ils font un signe de la main, et le sort de la barque est pourtant dans cette main ; d'autres courent sur le pont, crient et se démènent, et mettent partout la confusion, mais tous leurs cris ne détourneraient pas une seule vague, ne calmeraient pas un souffle de vent. »
Saint-Anselme est un de ces hommes intérieurs dont parle le poëte polonais.

ne voit que la divine figure qu'il représente. Mais l'esprit humain ne saurait atteindre par lui-même à cette puissance. Il est impossible de passer des années entières· simplement dans la contemplation d'une grande âme sans éprouver quelques-unes de ces émotions qui débordent dans le style. En vérité ce serait trop demander à celui qui a mouillé une page de ses larmes de vouloir qu'il en effaçât jusqu'à la moindre trace.

VIE INTIME

DE

SAINT ANSELME AU BEC

CHAPITRE I

Naissance de saint Anselme ; son enfance et son adolescence.

Saint Anselme naquit dans la cité d'Aoste en 1034 (1). C'était l'année même où Humbert aux Blanches mains, comte de Maurienne, lieutenant ou vicaire impérial de l'empereur Conrad II, dit le Salique, à la tête des troupes confédérées de Milan et de Toscane, chassait de la vallée d'Aoste Eudes de Champagne qui disputait à Conrad le royaume de Bourgogne. Et ainsi, par une coïncidence qu'il n'est peut-être pas tout à fait inutile de remarquer, cet enfant destiné à soutenir de si grandes luttes venait au monde au milieu des agitations de la guerre.

1. Aucun document authentique ne fixe la date précise de la naissance de saint Anselme. Mais celle qui est donnée ici est la plus probable et la plus généralement adoptée.

Le père d'Anselme s'appelait Gondulfe, et sa mère Ermenberge. Tous deux étaient issus de familles nobles et riches ; aussi occupaient-ils un rang très-distingué dans le pays. Gondulfe était un seigneur lombard, parent, à un degré assez rapproché, de Mathilde de Toscane et de la comtesse Adélaïde de Suze. Ermenberge était originaire d'Aoste. Plusieurs documents historiques établissent, sinon avec une entière certitude, du moins avec une grande probabilité, qu'elle appartenait à la famille du roi Ardouin et des marquis d'Ivrée, et qu'elle était alliée des marquis de Turin et du premier prince de la maison de Savoie. Ce qui est entièrement sûr, c'est qu'elle était fille de Robert-Anselme, comte de Volpian, et nièce du vénérable Guillaume d'Ivrée. Saint Anselme descendait donc d'une famille également illustre par le sang et par la piété.

Gondulfe, comme la plupart des seigneurs de cette époque, aimait outre mesure le bruit et l'éclat. C'était un homme d'un caractère violent et emporté, et d'une prodigalité qui allait jusqu'à dilapider en folles dépenses son riche patrimoine. Mais sa foi était vive, et quand il fut sur le point de rendre le dernier soupir, il la rappela tout entière et renonça d'une manière éclatante aux vanités qu'il avait aimées ; il se fit revêtir de l'habit monacal, et mourut avec la piété d'un religieux. Au milieu de ces âges d'ailleurs un peu rudes, la foi était implantée dans les âmes à de telles profondeurs que les orages des passions arrivaient difficilement à l'en déraciner.

Un père de famille tel que Gondulfe, malgré toute sa foi, n'était guère disposé à s'occuper de l'éducation de ses enfants et peu fait pour y réussir. Il se déchargea de ce soin sur son épouse Ermenberge. Heureusement celle-ci pouvait suffire seule à cette tâche difficile. Les dons les plus précieux de la nature et de la grâce se réunissaient en elle pour en faire une institutrice admirablement propre à façonner l'intelligence et le cœur d'un saint. Esprit droit, intelligence élevée, caractère noble et ferme, cœur tendre et ardent ; femme vraiment forte, supportant en silence les prodigalités ruineuses de Gondulfe, et s'efforçant de réparer, autant que possible, par une sage économie, les brèches faites à la fortune de ses enfants; épouse fidèle et pure, nouvelle Monique, humble, patiente et n'opposant aux emportements d'un mari brutal que la prière et les charmes de son inaltérable douceur ; mère affectueuse et saintement dévouée ; chrétienne ornée de vertus à la fois solides et attrayantes, mais surtout animée d'une foi qui s'élevait jusqu'à l'enthousiasme et lui inspirait un profond mépris pour toutes les choses périssables d'ici-bas : telle était l'âme que Dieu avait faite pour se transvaser en quelque sorte dans celle du jeune Anselme. Celui-ci avait une sœur nommée Richera. Anselme et Richera étaient la seule consolation d'Ermenberge, sa joie et son trésor. Son cœur aimant ne trouvant aucune satisfaction du côté de son époux, reportait et concentrait toutes ses affections sur ses chers enfants. Elle était constamment occupée à verser goutte à goutte en leur jeune âme tout ce qu'il y avait en elle de fort, de noble et de grand, et à leur transmettre, avec l'héritage d'une fortune passagère, celui bien plus précieux de sa foi et de ses vertus.

Richera puisa à cette source la résignation et la force chrétienne avec laquelle elle supporta plus tard la perte de ses enfants et celle de son époux. Le cœur d'Ermenberge avait allumé de bonne heure en elle la flamme du sacrifice, et nous la verrons un jour se séparer avec un courage tout chrétien de l'unique enfant qui lui restât, pour l'abandonner à Dieu et à Anselme devenu moine, puis s'ensevelir elle-même dans un cloître.

Quant à Anselme, il reçut, à la mesure même de son âme, une plus large part des trésors du cœur d'Ermenberge : ce mépris des choses périssables, cet enthousiasme pour tout ce qui est élevé et particulièrement pour tout ce qui touche à Dieu, enfin ce quelque chose de suave et de fort, cette énergie mêlée de tendresse qui devait former le fond de son caractère. On voyait ce petit enfant assis sur les genoux de sa mère, suspendu à ses lèvres, les yeux fixés sur elle, s'enivrer des mystérieuses effluves de foi et d'amour qui s'échappaient de son cœur avec ses paroles, et, comme ces corps transparents qui paraissent, au sortir de la nuit, se teindre par degrés des couleurs de l'aurore, son âme limpide semblait se teindre aussi peu à peu des vertus de la pieuse Ermenberge. On vit apparaître en lui, dès son plus jeune âge, un don merveilleux qui se développa plus tard à un rare degré et qu'il ne tenait pas seulement des leçons de sa mère, mais de son impressionnabilité mise en contact avec la grande et riche nature de la vallée d'Aoste : le don de revêtir d'images les vérités divines et de découvrir les beautés et les grandeurs de Dieu à travers le voile de la création (1).

1. Les spectacles de la nature exercent une grande influence sur les âmes impressionnables et entrent pour beaucoup dans l'éducation et le développement de leurs facultés. Les paysages alpestres, en déroulant du haut des montagnes des horizons larges et splendides, semblent donner des ailes à l'imagination. Tout y porte un cachet de force, de grandeur et de majesté qui ravit l'âme et la prédispose à l'enthousiasme. C'est au milieu de ces montagnes qui courent de l'Italie à la Savoie, c'est au fond de l'une de ces vallées qui les entrecoupent comme des oasis de lumière, de lacs et de prairies, que grandirent et se formèrent plus tard les deux de Maistre, remarquables, l'un par la hardiesse et la profondeur de ses pensées, l'autre par la tendresse mélancolique de ses sentiments, tous les deux par une imagination féconde et la vivacité de leur pinceau. Cet enfant qui souriait à sa mère et regardait en jouant le soleil se coucher derrière les montagnes qui bordent la vallée d'Aoste, devait, plus hardi et plus profond que le premier des de Maistre, plus tendre que le second, réunir sur son front à l'auréole du génie celle plus brillante encore de la sainteté, et sa sainteté, comme son génie, devait porter l'empreinte des lieux qui l'avaient vu naître. Il s'est fait toute une magnifique floraison de saints au penchant de ces montagnes, au fond de ces vallées, au bord de ces lacs : saint Bernard de Menthon, saint Germain de Talloire, le vénérable Guillaume d'Ivrée, saint Bruno d'Asti, saint Jonas de Suze, saint Pierre de Tarentaise le bienheureux Humbert III, comte de Savoie, et son frère le bienheureux Boniface, enfin saint François de Sales. Chose frappante ! tous ces enfants des montagnes portent dans leur physionomie quelque chose de la grâce et

La vallée d'Aoste est arrosée par la Dora-Baltea. Cette rivière charrie, jusqu'aux plaines que fertilise le Pô, les débris des glaciers descendus comme des torrents du haut des montagnes qui forment une ceinture autour du mont Blanc et du Matterhorn. De loin en loin, le long de la vallée, de l'est à l'ouest, apparaissent, semblables à des tours qui la flanquent, de hautes cimes derrière lesquelles se cachent les énormes masses des montagnes alpestres. La cité d'Aoste est entourée de ces spectacles grandioses. Au midi, elle voit se dresser devant elle et presque pendre sur son front comme un mur de montagnes déchirées par des ravins et aux flancs escarpés desquelles sont suspendus des bois, des pâturages et des maisons disséminées çà et là, dont la blancheur étincelle aux rayons du soleil. A l'ouest se déroule une perspective de noyers, de châtaigniers, de vignobles qui semblent se confondre avec l'azur des cieux, de hautes collines qu'entourent des guirlandes de verdure, et les glaciers argentés du Ruifor tantôt étincelants sous les rayons du soleil, tantôt voilés par des nuages ou

de l'austérité de la nature qui les environne. Mais saint Anselme semble avoir emprunté à cette riche nature ce qu'elle a de sévère et en même temps ce qu'elle a de doux. Il sera l'homme du cloître comme Pierre de Tarentaise et l'homme du monde comme François de Sales, aussi austère que le premier, aussi aimable que le second. Enfin un des traits les plus saillants de son génie et de sa sainteté sera ce don admirable de voir Dieu à travers les images qui nous le représentent ici-bas.

On comprend sans peine les traces profondes que devait laisser dans l'âme d'un tel enfant l'aspect pittoresque du pays d'Aoste.

des tempêtes. Du pont bâti sur le torrent qui baigne la cité, le regard s'étend au loin sur les glaces éternelles du Vélan et sur les pics majestueux et accidentés du grand Combin.

Ces magnifiques spectacles de la nature se gravaient dans l'imagination du petit Anselme, et y laissaient des impressions qui le poursuivaient jusque dans ses rêves de la nuit. Ils lui prêtaient déjà, sans qu'il pût encore s'en rendre compte, des images pour se peindre à lui-même sous des traits sensibles les choses merveilleuses que sa mère lui apprenait de Dieu. Il ne se lassait pas de l'entendre lui parler de Celui qu'elle appelait le Grand Roi.

« Ayant entendu dire à sa mère, raconte Ead-
« mer qui tenait tous ces détails du saint lui-même,
« ayant entendu dire à sa mère qu'il y a un
« Dieu dans le ciel qui gouverne tout, et renferme
« toutes choses en lui-même, il s'imagina, en vé-
« ritable enfant des montagnes, que le ciel s'ap-
« puyait sur les hautes cimes des monts, que là se
« trouvait la cour de Dieu, et qu'on pouvait y par-
« venir en gravissant les montagnes. Comme il ne
« cessait de rouler cette pensée dans son esprit, il
« eut pendant une nuit une vision (1) dans laquelle
« il lui sembla qu'il était appelé à monter jusqu'au
« sommet d'une montagne et à se présenter en

1. Contigit ut quadam nocte per visum videret... Eadm., *Vit.
S. Ans.*, lib. I.

« toute hâte à la cour du Grand Roi, Dieu. Avant
« qu'il eût commencé de gravir les flancs de la
« montagne, il vit dans la plaine, par où il passait
« pour exécuter son ascension, des femmes qui
« étaient les servantes du Roi, et qui moisson-
« naient, mais avec négligence et paresse. L'enfant
« fut affligé de cette négligence ; il les en reprit et
« il résolut de les accuser auprès du Roi leur maî-
« tre. Ensuite il gravit la montagne et il arriva à
« la cour du Roi. Il le trouva seul avec le premier
« officier de sa suite. Il avait envoyé tous les gens
« de sa maison, à ce qu'il semblait à l'enfant, pour
« faire la moisson ; car on était alors en automne.
« L'enfant entre donc : le Roi l'appelle aussitôt. Il
« s'approche et s'assied à ses pieds. Le Roi lui de-
« mande qui il est, d'où il vient et ce qu'il veut.
« Il répond à toutes ces questions suivant la vérité.
« Alors, sur l'ordre du Grand Seigneur, le premier
« officier apporte à cet enfant un pain d'une blan-
« cheur éblouissante, et l'enfant se met aussitôt à
« manger devant lui. Le matin il repassait cette
« vision dans son esprit, et, en enfant simple et
« innocent qu'il était, il croyait qu'il était vérita-
« blement allé dans le ciel, et qu'il avait été nourri
« du pain du Seigneur, et il le disait tout haut et
« le racontait à tout venant. »

Ce beau rêve enfantin, à ne le prendre que pour
un songe ordinaire, nous peint les préoccupations
habituelles du jeune Anselme, l'élévation de son
intelligence, les sentiments pieux de son cœur, et

la vivacité de son imagination. Mais quand on réfléchit à ce que devint plus tard cet enfant, il est difficile de ne pas voir dans ce songe caractéristique et mystérieux un de ces présages dont Dieu aime à marquer l'aurore de la vie de ses saints. On entrevoit déjà quelques traits ébauchés, et des linéaments confus de la grande figure de ce moine passionné par le cloître qui poussera les autres avec tant d'ardeur dans ces voies de la perfection religieuse où il court lui-même à grands pas, et du métaphysicien au regard d'aigle qui donna au monde le *Monologium* et le *Proslogion*. On peut dire qu'il reçut là le cachet de sa sainteté et en quelque sorte l'investiture de sa mission : faire connaître, respecter et aimer les grandeurs de Dieu et de son Église.

Quand ce petit Moïse redescendit de la montagne où, lui aussi, il avait vu Dieu à sa manière, il en rapporta je ne sais quel doux éclat dans le regard et dans toute sa physionomie qui lui gagnait tous les cœurs. « Tout le monde l'aimait, dit Eadmer, car il avait une conduite qui le faisait beaucoup aimer (1). »

On vit aussi poindre en lui de très-bonne heure la passion pour l'étude. A peine eut-il été mis à l'école qu'il s'appliqua avec une grande ardeur à tout ce qui lui était enseigné ; et il fit en peu de temps des progrès extraordinaires.

1. *Vit. S. Ans.*, lib. I.

Les pieuses leçons d'Ermenberge firent peu à
peu germer dans l'âme d'Anselme la pensée de la
vie religieuse ; ce sont les mères qui, après Dieu,
donnent les grandes vocations. « Il n'avait pas en-
« core atteint sa quinzième année et déjà il se de-
« mandait à lui-même quelle carrière il devait
« embrasser pour être plus sûr de vivre selon Dieu.
« Il lui vint en pensée qu'aucun genre de vie n'était
« préférable à la vie monastique (1). » De la pensée
il passa au désir, et ce désir se changea bientôt en
une résolution ferme et arrêtée. Sa résolution une
fois prise, Anselme mit à la réaliser cette opiniâtre
énergie que nous lui verrons déployer plus tard
avec un si grand éclat dans toutes ses entreprises.
Pour arriver à son but il s'adressa à un abbé du
voisinage avec lequel il était en relations. Anselme
n'avait pas mis son père dans la confidence de son
dessein : il savait trop qu'il n'obtiendrait jamais
son consentement. Gondulfe en effet n'avait que
deux enfants, Anselme et Richera, et tout entier
aux idées du monde il comptait sur Anselme pour
faire de lui l'héritier de sa fortune et de son nom.
Aussi le père abbé, pour ne pas s'attirer l'inimitié
de ce puissant seigneur, refusa-t-il d'accéder au
désir de son fils. Anselme voyant qu'il ne pouvait
rien obtenir des hommes se tourna du côté de Dieu
et le pria de lui envoyer quelque infirmité qui pût
l'aider à parvenir au bonheur tant désiré de la vie

____

1. Eadm., *Vit. S. Ans.*, lib. I.

religieuse. « Dieu voulant lui montrer combien il
« avait.lieu d'espérer qu'il obtiendrait tout de lui
« quand il lui demanderait d'autres faveurs exauça
« sa prière en lui envoyant à l'instant même une
« grave maladie (1). »

Frappé d'un mal subit qui met sa vie en danger,
il envoie renouveler sa demande au père abbé ;
mais, le seigneur Gondulfe ne se désistant point
de son opposition, même en cette extrémité, l'abbé
crut devoir persévérer lui-même dans son refus.
Au fond cependant la prière d'Anselme est surabondamment exaucée : Dieu l'appelle au cloître,
mais il le réserve pour devenir le père d'une nombreuse famille monastique et le propagateur de la
vie religieuse dans des contrées étrangères. C'est
ainsi que Dieu, comme le remarque saint Grégoire
le Grand, exauce souvent nos désirs en ajournant
leur réalisation (2).

Il était facile de voir que cet adolescent était
prédestiné à de grandes choses. La distinction du
rang d'où lui venait quelque chose de noble
et d'élevé et même de fier et d'indépendant qu'on
trouve d'ordinaire dans les allures des jeunes seigneurs, une amabilité séduisante, une intelligence pénétrante et un irrésistible attrait pour l'é-
tude, un caractère énergique, une piété vive, une
foi ardente et enthousiaste, une vocation bien

1. Eadm., *Vit. S. Ans.*, lib. I.
2. Sæpe enim nostra desideria, quia celeriter non fiunt,
exaudiuntur. *Moral.* lib. XXVI, in cap. 35, B. Job.

prononcée à la vie religieuse, enfin ces empreintes ineffaçables que laisse dans une âme l'éducation d'une mère intelligente et fortement chrétienne, ce sont là des dons et des grâces que Dieu n'accorde qu'à ceux dont il veut faire les instruments de ses œuvres.

Il ne manquait plus à Anselme pour devenir propre à répondre aux desseins de Dieu sur lui que de passer par la lutte, la tentation et l'adversité.

Ce fut l'école de sa jeunesse.

CHAPITRE II

Gondulfe qui aimait le monde y produisit de bonne heure son fils Anselme. Beau de corps, naturellement expansif, d'un caractère ardent, tempéré par une grande douceur, formé aux belles manières, plein de cette générosité chevaleresque qu'on prisait tant alors, le jeune seigneur se vit bientôt entouré et recherché. Enthousiaste et tendre, il prodiguait facilement son admiration et ses sympathies, mais en retour il tenait à se faire admirer lui-même et plus encore à se faire aimer. Il n'y réussit que trop. Le désir de briller et de plaire l'absorbant tout entier, il se refroidit pour les choses de Dieu, et les saintes impressions qui avaient d'abord incliné son âme vers le cloître s'effacèrent peu à peu pour faire place au goût des amusements frivoles. Cependant il était retenu sur la pente du vice par les avertissements d'Ermenberge : elle avait pris sur son cœur un empire auquel il n'essaya jamais de se soustraire. Mais Dieu lui envoya une première et bien rude épreuve en lui enlevant sa mère avant qu'il eût atteint sa vingtième année. La perte de cet ange visible porta le dernier coup à sa vertu déjà fortement ébranlée. « Dès lors, dit son pieux « biographe, le vaisseau de son cœur, comme s'il « eût perdu son ancre, devint, sur la mer orageuse « du monde, le jouet des flots (1). » Il se laissa séduire par « la douceur des affections molles (2) », et il ne tarda pas à boire « dans la coupe enchantée « de l'amour le poison de la luxure (3). » Cependant on put toujours reconnaître en lui, au milieu même des désordres de sa jeunesse, le fils de la noble et chrétienne Ermenberge. Le souvenir et l'amour de sa Mère du ciel restant uni dans son cœur au souvenir et à l'amour de sa mère d'ici-bas, il ne cessa jamais, jusque dans ses plus mauvais jours, d'aimer et de prier Marie. C'est à cette dévotion constante envers la sainte Vierge qu'il attribua dans la suite la grâce d'avoir conservé, malgré les écarts de ses mœurs, toute la pureté et toute la vivacité de sa foi (4). On voyait encore briller dans ce jeune homme entraîné par la fougue des passions une vertu qu'il devait en grande partie à sa mère : l'amour des pauvres. L'or et l'argent n'étaient à ses yeux qu'une vile poussière, et, s'il les prodiguait trop souvent en folles dépenses, il

1. Eadm., *Vit. S. Ans.*
2. Medit. XVI.
3. *Ibid.*
4. Orat. XLVI.

éprouvait aussi un véritable bonheur à s'en dépouiller en faveur de ceux qui sollicitaient sa
compassion. C'était dès lors une de ses maximes
que Dieu ne nous a donné les richesses que pour
nous procurer le plaisir de les partager avec nos
frères indigents.

Le plus grand écueil de la vertu d'Anselme était
dans la tendresse excessive de son cœur. Un irrésistible besoin d'aimer le pressait, mais il s'était
détourné de cette beauté infinie pour laquelle seule
il était fait ; il ne voyait plus que les créatures, et
il épanchait sur elle, sans retenue et sans mesure,
le trésor de ses affections. En vain sa sœur Richera
répandait-elle devant Dieu des larmes avec des
prières ; en vain lui adressait-elle les plus pres-
santes remontrances : Anselme n'écoutait rien.
« Hélas ! ma chère sœur, lui écrira-t-il plus tard
« du fond de sa solitude du Bec, tu m'exhortais
« en vain : la sainte Écriture ne nous trompe pas
« quand elle nous dit : *Personne ne peut corriger*
« *celui que Dieu méprise* (1). »

Cependant, tandis qu'Anselme se laissait dominer, comme il le dit lui-même, « par ses caprices
immondes (2) », Dieu veillait sur lui. Il le visita
par une de ces épreuves providentielles dont il a
le secret et qui devait donner une trempe plus
virile à son caractère et lui ménager le moyen de

1. Medit. XVI.
2. *Ibid.*

rentrer dans le chemin de ses grandes destinées.
Il permit que Gondulfe, son père, le prît en aversion. Dans cet homme naturellement violent cette
aversion alla si loin que nul effort, nul bon procédé, nul égard ne purent parvenir à la dominer.
Plus Anselme se montrait soumis, plus Gondulfe se
montrait exaspéré. La position du jeune seigneur
ainsi persécuté par un père brutal finit par n'être
plus supportable. « Il craignit d'être poussé, en
« usant de représailles, à des extrémités qu'il eût
« ensuite regrettées, et il préféra renoncer à l'héri-
« tage paternel et dire adieu à sa patrie plutôt que
« de s'exposer à attirer, par quelque scène de
« violence, du déshonneur sur son père ou sur lui-
« même (1). » Mais ce parti déchirait son cœur.
Comment s'arracher à cette chère vallée d'Aoste,
à ces montagnes pittoresques au milieu desquelles
il avait grandi ? Comment surtout se séparer, peut-
être pour toujours, de parents bien-aimés ? Car, si
son père le poursuivait de sa haine, ses deux oncles
Lambert et Folcerade, et ses cousins Aimon, Folcerade et Raymond, l'environnaient d'une affection
qu'il leur rendait au centuple. Il chérissait aussi
un autre petit cousin nommé Pierre qui était
encore enfant. Quand il sera devenu moine, son
cœur retrouvera, sous le froc, la chaleur et la séve
de la jeunesse pour faire entendre à tous ces
parents, dans des lettres pleines d'effusion, les

1. Eadm., *Vit. S. Ans.*

accents d'une amitié que ni le temps, ni la distance n'auront pu refroidir. Mais que dire de sa tendresse pour sa sœur Richera ? S'il avait fermé l'oreille à ses avis, il était loin de lui avoir fermé son cœur. Et il lui fallait briser tous ces liens ! Dieu voulait répandre sur les affections de cette âme prédestinée l'amertume du sacrifice qui épure et qui fortifie. Anselme fit donc ses préparatifs et il partit accompagné d'un seul serviteur. Quand du haut des montagnes qui dominent la cité d'Aoste il jeta un dernier regard sur ces lieux où s'était écoulée son enfance, où reposaient les cendres de sa mère, où restaient des âmes si intimement unies à la sienne, des larmes bien amères durent couler de ses yeux. Environ un siècle auparavant, un jeune seigneur chassé comme lui de sa patrie par des chagrins domestiques quittait le château de Menthon qui l'avait vu naître, et traversait ces mêmes Alpes, la douleur dans l'âme ; mais Dieu était avec ce jeune exilé, et quelque temps après il se servait de lui pour convertir en masse les grossiers habitants de ces montagnes, et pour bâtir sur leurs sommets couronnés d'une neige éternelle ces deux hospices célèbres, monuments admirables de la charité chrétienne destinés à procurer des guides et un asile au voyageur égaré. C'est ainsi qu'à des époques différentes de grandes âmes passent par les mêmes épreuves pour arriver à la même fécondité.

Où Anselme porta-t-il d'abord ses pas ? Fût-ce

vers ces monuments de la charité de saint Bernard, ou bien vers l'abbaye de Fructuaria fondée depuis peu en Piémont par son grand oncle le vénérable Guillaume d'Ivrée ? Le désir de revoir les seigneurs du Piémont, ses parents, l'attira-t-il à Turin ? L'histoire ne nous a conservé aucun renseignement certain sur ce point. Elle nous le montre seulement traversant le mont Cenis afin de se rendre en Bourgogne, sans autre équipage « qu'un clerc pour le servir (1) » et un âne qui portait leurs provisions. Mais le trajet fut plus long qu'ils ne l'avaient prévu, et les provisions s'épuisèrent avant qu'ils fussent sortis de ces montagnes. Accablé de fatigue, Anselme succombait à chaque pas. Comme il n'avait plus rien pour soutenir ses forces défaillantes, il ramassait un peu de neige dans le creux de sa main, la portait à sa bouche et essayait ainsi de se réconforter. Le serviteur qui l'accompagnait ne put le voir dans cet état sans se sentir vivement attendri. Mais que faire pour l'aider dans sa détresse ? Il ne leur restait absolument plus de vivres. N'importe ; cherchons, cherchons encore, se dit-il à lui-même; et machinalement, par instinct ou bien poussé par un mouvement d'en haut, il se met à fouiller dans le sac que l'âne porte. Quel n'est pas son étonnement lorsqu'il y trouve un pain d'une éclatante blancheur ! Il le présente aussitôt

_____

1. Eadm., *Vit. S. Ans.* Uno qui sibi ministraret clerico comitatus.

à son maître à qui il rend les forces et la vie.

Comment ne pas se rappeler ici cet autre pain que le jeune Anselme avait vu en songe et dont il croyait s'être nourri ? Ne nous étonnons pas de rencontrer des merveilles dès le début d'une vie qui doit en être pleine. Dieu dirige sans être vu les plus petits événements ; il règle jusque dans les moindres détails les destinées de tous les hommes. Mais quand il suscite un homme extraordinaire chargé d'une mission providentielle, il se plaît à montrer la main qui le conduit en rendant transparent le voile derrière lequel elle se cache.

Anselme avait alors environ vingt ans. Aidé du secours de Dieu il arriva en Bourgogne sain et sauf (1). Notre jeune voyageur visita l'abbaye de Cluny qui était florissante sous la conduite de saint Hugues. C'est alors que se virent pour la première fois ces deux hommes qui devaient avoir plus tard des relations si intimes.

De la Bourgogne, Anselme passa en France (2). Pendant trois ans, le jeune seigneur de la vallée d'Aoste promena ses pas errants à travers la Bourgogne et la France : ce n'était pas là qu'il devait s'arrêter. Il prit le chemin de la Normandie. Cette province achevait de se relever des ruines que la

---

1. Le royaume de Bourgogne était alors limitrophe du royaume d'Italie et s'étendait entre le Rhône et le Rhin, de Bâle à Marseille.

2. Au XIᵉ siècle, on donnait le nom de France à cet étroit royaume, dont les villes principales étaient Paris, Reims et Orléans.

guerre y avait longtemps accumulées. La religion et les lettres, sous la protection de Guillaume le Bâtard, fleurissaient dans cette patrie des hommes de combat. La Normandie se couvrait de monastères et d'écoles. Le détail des excursions d'Anselme en cette province ne nous est point parvenu; on sait seulement qu'il s'arrêta quelque temps à Avranches et qu'il s'y lia d'amitié avec Hugues surnommé le Loup, comte de cette ville. Cette amitié devait avoir plus tard sur la destinée de notre saint une influence qu'il était loin de prévoir en ce moment.

Il n'était bruit alors en Normandie que de la nouvelle abbaye du Bec où le célèbre Lanfranc venait d'ouvrir une école. On en parlait à Avranches plus qu'ailleurs parce qu'il avait enseigné dans cette ville et s'y était fait une réputation extraordinaire. Anselme voulut prendre les leçons d'un maître dont l'éloge était dans toutes les bouches, et il se rendit au Bec, non pour y embrasser la vie religieuse, mais pour y achever ses études ; car ses désordres n'avaient point étouffé en lui l'amour de la science et il avait déjà fréquenté plusieurs écoles.

Anselme avait alors vingt-cinq ou vingt-six ans, et il venait de passer loin de Dieu les cinq plus belles années de sa vie. Ces cinq années cependant ne lui avaient pas été inutiles : elles lui avaient appris à connaître le monde et à le mépriser. Il commençait à être fatigué de ses agitations, dégoûté de ses plaisirs et plus encore blessé de ses injustices ; il entrait à l'école du Bec, le cœur meurtri, comme un soldat revient blessé du combat, et s'il n'apportait pas dans cette pieuse solitude le désir de s'y ensevelir pour toujours, il s'y retirait du moins avec ce besoin de calme et de paix qui, pour devenir l'une des plus précieuses vertus monastiques, ne demande qu'à être transformé par la prière et l'amour.

L'heure de cette transformation ne devait pas tarder à sonner.

CHAPITRE III

Fondation de l'abbaye du Bec.

Saint Anselme fut véritablement l'homme du Bec. Il aimait plus tard à l'appeler son nid. Nous allons raconter, d'après les chroniques contemporaines (1), comment s'était formé ce doux nid de moines où venait se réfugier le jeune Anselme.

Sous Robert duc de Normandie, père de Guillaume le Bâtard, s'élevait près de Brionne un château-fort bâti dans une île que formait la Rille. C'était une des places les mieux fortifiées du pays ; là résidait Gislebert, comte de Brionne, de la famille du duc Robert. Gislebert, comme la plupart des seigneurs normands de cette époque, passait sa vie dans les combats. Parmi ses hommes de guerre se distinguait au premier rang un gentilhomme nommé Herluin qui tenait à la vieille souche danoise par son père Ansgot et à la race flamande par sa mère Héloïse, issue des comtes de Flandre. La bravoure et la loyauté d'Herluin le faisaient estimer de tous. A ces qualités il joignait

1. *Vit. Herl. — Vit. Lanf. — Chronicon Beccense.*

une indépendance noble et franche qui le mettait au-dessus de ceux-là même dont il recevait les faveurs et qu'il reconnaissait pour ses maîtres. Un jour, dit-on, trouvant que Gislebert n'avait pas eu pour lui les égards qu'il méritait, il quitta brus_ quement son service. Quelque temps après, le comte se trouve engagé dans une querelle avec un puissant seigneur du voisinage. Gislebert avait proposé à son adversaire, suivant l'usage du temps, de vider leur différend par un combat ; mais il avait moins consulté ses forces que son orgueil et sa colère. Au jour fixé il se rendait au lieu choisi pour se battre, en proie à de vives inquiétudes, quand tout à coup il voit venir derrière lui une bande de vingt hommes armés. C'était Herluin qui, par une générosité rare, oubliait, à l'heure du péril, les injures qu'il avait reçues de son maître, et accourait à son secours. Grâce aux officiers du duc Robert qui y mirent opposition, l'engagement n'eut pas lieu, mais à partir de ce jour Gislebert et Herluin furent réconciliés et s'unirent d'une amitié plus étroite.

Herluin n'était pas moins remarquable par son habileté dans les affaires que par son courage dans les combats. Versé dans la connaissance des coutumes de la Normandie, il se reconnaissait sans peine au milieu du dédale de lois consacrées par l'usage qui composaient alors le code normand. Il était doué d'un grand sens pratique. D'un caractère hardi, sans témérité, s'agissait-il d'exécuter un dessein, nul obstacle ne l'arrêtait ; cependant il savait reculer à propos pour s'élancer ensuite avec plus de force et de vigueur. Mais ce qui dominait en lui, c'était la foi. Chevalier sans tache, fidèle vassal, ami dévoué, habile homme d'affaires, Herluin était par-dessus tout bon chrétien.

Tel était l'homme que Dieu avait choisi pour fonder l'abbaye du Bec.

Un jour Herluin suivit Gislebert dans une lutte terrible que celui-ci soutenait contre Engebran comte de Ponthieu. Après une lutte acharnée, l'avantage resta à Engebran. Outré de dépit et frémissant de colère, Herluin se battit comme un lion. Il voulait à tout prix arracher la victoire. Mais bientôt il se vit enveloppé de toute part et ne sâchant comment s'arracher lui-même à une mort imminente et certaine. Soudain, rapide comme l'éclair, une inspiration traverse son esprit. Au fort de la mêlée, il fait vœu d'embrasser la vie monastique, s'il échappe à ce pressant danger. Il y échappa et ne songea plus qu'aux moyens d'accomplir son vœu.

Ce n'était pas chose facile : des liens nombreux et forts l'attachaient au monde, et, ces liens brisés, il restait à obtenir le consentement du comte Gislebert auquel il était devenu indispensable.

Herluin avait alors trente-sept ans. Quoique avide d'exploits et de gloire, il se trouvait mal à l'aise au milieu d'un monde encore tout imprégné de la barbarie du vieux Rollon et d'où l'élément païen n'avait pas complétement disparu. Le chevalier contrariait en lui le chrétien, et il souffrait de ne pouvoir pas toujours mettre ses œuvres d'accord avec sa foi. Comme il cherchait à rompre ses engagements avec le comte de Brionne pour remplir ceux qu'il avait contractés avec le Ciel, Dieu lui vint en aide.

Gislebert réclame les services d'Herluin pour une cause que ce dernier trouve injuste : Herluin refuse ; Gislebert s'emporte, confisque les biens de son vassal et ceux de ses gens. Chassé de la cour, le généreux gentilhomme y reparaît bientôt, non pour redemander ses biens, il les méprise, mais afin de plaider la cause de ses clients que l'aveugle vengeance du comte enveloppe dans sa disgrâce. « Enlevez-moi tout ce que je possède, lui dit-il, « mais du moins rendez les biens à ces pauvres « gens qui n'ont mérité votre colère par aucune « faute. » Gislebert vivement touché prend Herluin à part et le conjure de lui expliquer les grands changements qu'il a remarqués en lui depuis quelque temps. Alors Herluin, fondant en larmes : « O mon digne maître, s'écrie-t-il, jusqu'ici l'a- « mour du siècle et l'empressement pour votre ser- « vice m'ont trop fait négliger l'amour et le ser- « vice de Dieu. Occupé tout entier aux soins du « corps, je n'ai nullement pensé à cultiver mon « âme. C'est pourquoi, je vous en prie, si jamais « j'ai fait quelque chose qui mérite votre recon-

« naissance, permettez-moi de passer le reste de
« ma vie dans un monastère. J'y emporterai un
« inviolable attachement pour vous. Faites donc,
« seigneur, le sacrifice de ma personne et des
« biens que j'ai reçus de vous. » Surpris de ce
coup inattendu, ému de ce spectacle et de cette
éloquence, le comte se prend à pleurer et il rend à
Herluin ses biens et sa liberté.

« On regardait alors com me un prodige en Nor-
« mandie, dit l'ancien biographe d'Herluin (1),
« qu'un soldat plein de santé et revêtu de ses
« armes embrassât la vie monastique » ; ces in-
domptables enfants du Nord se façonnaient lente-
ment au joug de l'Évangile. Intelligents et généreux, ils comprenaient les beautés du christianisme, mais ils reculaient devant la pratique de
ses maximes. Tout en excitant leur admiration, la
vie religieuse les effrayait par son héroïsme calme
et obscur. Leurs penchants les entraînaient vers
d'autres luttes que les luttes pacifiques du cloître.
Ils aimaient à voir des monastères s'élever sur
leurs terres, ils les favorisaient de leurs dons, ils
appelaient des autres pays des moines renommés
par leur science et par leur piété, mais ils ne se
sentaient pas le courage d'aller peupler eux-
mêmes ces solitudes claustrales. Cependant le
christianisme versé comme un vin généreux dans
ces âmes neuves et fortes y fermentait peu à peu,

----

1. Gislebert Crispin, moine du Bec, d'une noble famille de
Normandie, qui devint abbé de Westminster. — *Vita Herluini.*

à leur insu, et l'heure était venue où, non contents
de donner leurs biens aux monastères, ils allaient
encore se donner eux-mêmes. La résolution d'Herluin fut le signal de ce mouvement nouveau qui
allait emporter vers le cloître les descendants de
cette race belliqueuse.

A peine Herluin eut-il obtenu la permission de
Gislebert qu'il fit aussitôt, par un acte authentique, donation de ses biens à la sainte Vierge,
puis il se retira dans une de ses terres, au lieu dit
Bonneville, et s'occupa, avec quelques compagnons
de sa solitude, d'y bâtir une modeste et paisible
demeure. « Non-seulement il dirigeait les travaux,
« mais il travaillait lui-même de ses propres
« mains, creusait la terre pour les fondations,
« transportait les déblais, les pierres et le sable,
« portait le mortier sur ses épaules et bâtissait les
« murs. Aux heures où les autres étaient absents,
« il se rendait lui-même au travail, et préparait
« tout ce qui était nécessaire ; il ne demeurait pas
« un seul instant du jour sans être occupé. Plus il
« avait sacrifié autrefois à la vanité et à la délica-
« tesse, plus il prenait à tâche de s'exercer dans
« l'humilité et dans la patience à supporter les plus
« rudes travaux pour l'amour de Dieu. Il ne pre-
« nait qu'une nourriture commune et peu abon-
« dante. Il passait tout le jour dans le travail ma-
« nuel, et comme ce temps était perdu pour l'étude,
« il y suppléait en consacrant ses nuits presque
« tout entières à apprendre le psautier. Au milieu

« de ces exercices une grande joie intérieure inon-
« dait l'âme de cette nouvelle recrue du seigneur
« Jésus-Christ (1).»

Le côté difficile de la tâche d'Herluin n'était
pas de bâtir une maison monastique. C'était de
prendre par lui-même, sans le secours d'aucun
maître, la forme et les habitudes d'un vrai moine.

Comme la plupart des hommes de sa condition
qui mettaient toute leur gloire à manier l'épée, il
ne savait pas même lire. Il avait alors près de quarante ans et des habitudes peu propres à lui faci-
liter l'étude. N'importe ; il se mit courageusement
à l'œuvre : « il apprit les premiers éléments des
« lettres, et aidé de la grâce de Dieu, il arriva à un
« tel degré de science dans les choses sacrées qu'il
« passait avec raison pour avoir un don merveil-
« leux de comprendre et d'exposer la sainte Écri-
« ture. Et afin qu'on ne puisse l'attribuer qu'à la
« grâce de Dieu, il faut que l'on sache bien qu'il
« ne consacrait à l'étude que le temps de la nuit,
« et qu'il n'interrompait jamais pendant le jour le
« travail des mains pour vaquer à la lecture. »

« Cependant le vieil ennemi du genre humain
« inventa une ruse pour le surprendre et le dé-
« courager. Un jour Herluin se rendit à un monas-
« tère de la contrée pour s'y faire instruire de la
« vie religieuse. Il commença par faire sa prière
« avec beaucoup de respect, puis il s'approcha de

1. *Vit. Herl.*

« la porte du cloître, ému et tout tremblant, comme
« s'il eût été à la porte du paradis, brûlant du désir
« de savoir quel était le vêtement des moines, leur
« manière de vivre et la piété qui présidait à leurs
« exercices monastiques. Mais il remarqua des ma-
« nières fort éloignées de la gravité qu'exige la vie
« religieuse. Il en fut troublé jusqu'à hésiter sur
« le genre de vie qu'il voulait désormais adopter.
« En outre, le gardien du monastère le voyant re-
« garder ainsi de tous côtés, comme un homme
« qui cherche à découvrir quelque chose, le prit
« pour un voleur, lui administra un vigoureux
« coup de poing, et le saisissant par les cheveux,
« il le mit à la porte. Mais cet homme déjà con-
« sommé dans la patience ne fit pas entendre le
« moindre murmure pour se plaindre au moine
« du traitement injurieux qu'il lui faisait subir.
« Et ce ne fut pas seulement cette fois, mais en
« toute occasion que l'ennemi qu'il avait vaincu
« fut terrassé, grâce à Dieu qui lui donnait la vic-
« toire (1). »

Cependant au milieu de ces épreuves l'œuvre
d'Herluin grandissait peu à peu. Le 24 mars 1031,
Herbert, évêque de Lisieux, alla consacrer l'église
qu'il venait d'achever. Il lui donna la tonsure, le
revêtit de l'habit monacal, et le nomma abbé. Il
n'avait encore que deux religieux sous sa direction:
c'étaient les deux premiers enfants d'une famille

---

1. *Vit. Herl.*

qui devint bientôt nombreuse. Peu de temps après il reçut la prêtrise.

Le nouvel abbé adopta la règle de saint Benoît. Elle était alors universellement suivie, du moins dans ses points fondamentaux, par ceux qui se vouaient à la vie religieuse. Tout le monde connaît cette règle admirable que. Bossuet appelle « un « précis du christianisme, un docte et mystérieux « abrégé de toute la doctrine de l'Évangile, de « toutes les institutions des saints Pères, de tous « les conseils de perfection (1). »

Les conciles, les papes, les saints la nomment à « l'envi la règle sainte, l'ordre saint, la règle et « l'ordre par antonomase, la règle des Pères, une « œuvre plus divine qu'humaine, écrite dans la « plénitude de l'esprit de tous les justes, et dans « le même esprit que les saints canons ; où il n'y « a rien d'indiscret pour le sage, rien d'inutile « pour le parfait, rien de dur pour le fidèle, rien « de rigoureux pour le pénitent, qui ouvre une « voie unie, facile et discrète, tracée par la douceur « et l'inspiration de l'Esprit-Saint, propre à mener « au salut et à la félicité éternelle, en s'accom- « modant aux forces de chacun. C'est une maison « d'une immense grandeur bâtie pour y loger « toute sorte de personnes différentes d'humeurs, « de sexe et de condition, les enfants, les vieillards, « les forts, les faibles, l'esclave et le libre ; c'est la

---

1. Panégyrique de saint Benoît.

« fontaine fermée qui a répandu ses eaux avec une
« discrétion merveilleuse et toute divine. L'intel-
« ligence et la pratique en sont faciles ; les doctes
« et les simples, les princes et les peuples peu-
« vent y puiser et y boire selon leurs forces (1). »

Telle était la règle qu'Herluin donnait à sa communauté naissante et qui, après avoir produit
déjà un grand nombre de saints, allait former encore saint Anselme. Pour mieux réussir à l'implanter dans toute sa vigueur, Herluin avait
surtout recours à l'ascendant de l'exemple.
« Vous eussiez vu le nouvel abbé s'occuper
« à faire les semailles, et marcher en tête de
« ses religieux armé d'un sarcloir et d'un râteau,
« et travailler avec eux jusqu'à la fin du jour.
« Leur nourriture de chaque jour était du
« pain de froment et des herbes au sel et à l'eau.
« Mais ils n'avaient d'ordinaire que de l'eau bour-
« beuse, car la seule fontaine qui pût leur fournir
« de l'eau claire était à deux milles de leur habi-
« tation. Si parfois ils recevaient un pain meil-
« leur ou du fromage, ou quelques autres mets
« auxquels ils n'étaient pas habitués, c'était pour
« eux comme un bienfait du ciel. Les exemples et
« les efforts de leur maître fermaient tout accès au
« murmure. »

« Sa noble mère vint le joindre dans sa soli-
« tude pour consacrer aussi au service de Dieu sa
« personne et ses biens. Elle se fit la servante

1. Dom Pitra. Introduction à l'*Histoire de saint Léger*.

« des moines, lavant les vêtements de ces servi-
« teurs de Dieu et s'acquittant avec empressement
« de tout ce qui lui était commandé. Mais un jour
« qu'elle faisait cuire des aliments pour les reli-
« gieux, le feu, par je ne sais quel accident, prit
« à la maison et la détruisit. Herluin travaillait à
« quelque distance lorsqu'il vit accourir vers lui
« un homme qui lui annonça en poussant des san-
« glots que ses bâtiments venaient d'être incendiés
« et que sa mère avait trouvé la mort dans les
« flammes. Des larmes inondèrent aussitôt son
« visage : néanmoins, levant les mains vers Dieu,
« il s'écria : « *Je vous rends grâces, ô mon Dieu, de*
« *ce que ma mère, quand le feu l'a surprise, était*
« *occupée à aider vos serviteurs.*» O constance vrai-
« ment courageuse dans le service de Dieu ! En
« butte à toutes les attaques du démon, rien ne
« pouvait l'ébranler. Cependant la noble dame
« n'avait souffert aucun mal dans cet incendie. »
« Quelque temps après Herluin reçut en songe
« un avertissement d'en haut. Dieu le poussait à
« abandonner la solitude qu'il avait choisie et où
« il manquait de ce qui était nécessaire aux be-
« soins de la vie, pour aller s'établir sur une de ses
« terres appelés *le Bec*, du nom d'un ruisseau qui
« la traversait, à un mille du château de Brionne,
« dans une vallée profonde, fermée de toute part
« par des montagnes boisées, et très-bien placées
« pour être à portée des approvisionnements de
« toute sorte. Grâce à l'épaisseur des bois et à la

« fraîcheur des eaux, ce lieu était rempli de gibier.
« On voyait dans la vallée trois moulins avec trois
« maisons attenantes dont une seule était habi-
« table. »

« Mais la forêt où venaient se fixer les moines
« faisait les délices de Gislebert, comte de Brionne,
« et les terres au milieu desquelles ils allaient
« s'établir appartenaient à différents propriétaires ;
« cependant, grâce à Dieu et à la foi inébranlable
« d'Herluin, la forêt tout entière fut cédée aux
« moines du Bec (1). »

Sans perdre un instant, Herluin et ses compagnons se mirent à l'œuvre avec un courage infatigable et bâtirent un nouveau monastère. Il fut achevé en l'année 1039 ; mais l'église ne put être consacrée que le 24 janvier de l'année 1041.

Anselme était alors âgé de sept ans. Ainsi, pendant que, dans la vallée d'Aoste, le jeune fils d'Ermenberge entr'ouvrait son intelligence aux clartés de Dieu, et son cœur à son amour, et se sentait poussé vers la vie religieuse, la Providence lui faisait bâtir, dans une vallée de la Normandie, une retraite où il pourrait trouver un jour de saints loisirs pour étudier, contempler et aimer ce grand Dieu qui remplissait déjà son âme.

_____

1. *Vit. Herl.*

CHAPITRE IV

Lanfranc se fait moine au Bec ; il y ouvre une école.

Herluin n'avait songé qu'à se procurer un modeste toit à l'ombre duquel il pût, loin des regards du monde, s'adonner avec quelques pieux compagnons aux exercices de la pénitence et de la prière. Il ne rêvait pour son humble monastère ni éclat ni grandeur. Qu'elle fût, cette pauvre demeure, comme tant d'autres cloîtres obscurs que la Normandie cachait alors dans ses forêts, environnée de silence et protégée par l'oubli : c'était là son désir. Modeste retraite, abri de quelques jours offert aux âmes touchées de Dieu, ce monastère ne devait pas faire plus de bruit ni laisser plus de traces que ces doux nids de colombes suspendus, chaque printemps, aux bois d'alentour. Mais les circonstances providentielles, et les épreuves qui avaient accompagné la fondation du Bec, montraient qu'il était destiné à un plus beau rôle et lui présageaient plus de gloire.

Un jour, pendant qu'Herluin travaillait à construire un four, un étranger se présenta. — Dieu

vous garde ! lui dit l'inconnu. — Dieu vous bé-
nisse ! Êtes-vous Lombard ? lui répondit Herluin
qui à son accent avait cru reconnaître sa patrie.—
Je le suis. — Que demandez-vous ? — Je demande
à me faire moine. — Alors l'abbé ordonna à un de
ses religieux nommé Roger de présenter à l'inconnu le livre des règles. L'étranger le lut et as-
sura qu'avec l'aide de Dieu il observerait volontiers
ces règles, et puis il se nomma : son nom était
Lanfranc. Ce nom déjà célèbre devait bientôt re-
tentir dans l'Église tout entière, et apporter au Bec
une gloire que son humble fondateur n'eût jamais
soupçonnée.

Lanfranc né à Pavie l'an 1005 appartenait à
une famille de sénateurs.Il perdit de bonne heure
son père Humbald qui remplissait l'emploi de
conservateur des lois. Pour se préparer à lui succéder dignement, il alla étudier à Bologne l'éloquence et le droit. Il séjourna longtemps dans
cette ville et y acquit une science extraordinaire
pour son temps. Il revint à Pavie, brilla au bar-
reau, ouvrit des cours publics de droit civil, et se
fit en peu de temps une réputation qui depuis
alla toujours grandissant. Il se décida bientôt à se
rendre en France pour y fonder une école et étendre ainsi sa célébrité.

Comme il passait à Tours, l'hérésiarque Bérenger,
qui enseignait publiquement dans cette ville, aux
applaudissements d'une nombreuse jeunesse
éblouie par son éloquence sophistique, apprit la

réputation du savant lombard et tenta d'accroître
la sienne en le surpassant. Il lui proposa une discussion publique, espérant bien en sortir avec les
honneurs du triomphe. Mais il avait compté sans
la dialectique à la fois subtile et vigoureuse qui,
dans Lanfranc, était au service d'une science aussi
solide qu'étendue ; il fut vaincu et ses disciples
l'abandonnèrent pour s'attacher au vainqueur.
C'est précédé de cette renommée que Lanfranc se
rendit à Avranches et y ouvrit une école. Sans
connaître encore les desseins de Dieu sur lui, il
commençait cependant déjà à sentir combien la
gloire était impuissante à satisfaire l'immensité
de ses désirs. Le vide et le désenchantement succédaient aux rêves de l'ambition ; ses pensées se
tournaient peu à peu vers le cloître. Dieu travaillait cette âme ; pour achever son œuvre il frappa
un grand coup.

Un jour Lanfranc allait à Rouen et traversait,
aux approches de la nuit, une forêt au delà de la
Rille. Des voleurs l'arrêtent, le dépouillent de tout,
lui lient les mains derrière le dos, puis rabattant
sur ses yeux le capuchon de son manteau, l'en-
traînent loin du chemin et le laissent attaché à un
arbre. En cet état Lanfranc fait des réflexions
profondes ; il recourt à Dieu ; il veut, au milieu
de la nuit, chanter ses louanges, il s'aperçoit qu'il
ne sait pas le faire. Lui qui connaît tant de choses
ne sait ni psaumes, ni prières ! « Seigneur, s'é-
« crie-t-il alors, j'ai passé longtemps à étudier,

« j'y ai usé mon corps et mon esprit, et je ne sais
« pas vous prier ! Sauvez-moi de ce danger, et,
« avec votre grâce, je réglerai ma vie de manière
« à vous servir. » Dès le grand matin, entendant
passer des voyageurs il se met à crier pour les
appeler à son secours. — Les voyageurs, s'appro-
chent et apprennent qui il est ; ils le délient et le
ramènent dans son chemin. — Indiquez-moi, leur
dit-il, le monastère le plus pauvre que vous con-
naissiez dans les environs. — Nous n'en connaissons point de plus pauvre que celui qu'un homme
de Dieu bâtit dans ce moment tout près d'ici ; —
et ils lui en montrèrent le chemin.

Ce monastère était l'abbaye du Bec. Voilà comment Lanfranc y arrivait, conduit à son insu par la
main de Dieu. En quelques mots il raconta à
Herluin l'histoire de sa vie et lui ouvrit son âme,
puis se prosternant, il lui baisa les pieds. C'était
la science aux pieds de la sainteté. Et ce ne devait
pas être là le spectacle d'un jour ; mais pendant
trois années entières ce maître si habile se fit le
plus humble et le plus obéissant des disciples.
« Il n'eût pas lu une leçon dans l'église, nous
« disent les chroniques contemporaines, sans
« l'avoir auparavant lue devant le maître de
« chant. Un jour qu'il lisait à table il prononça un
« mot comme il doit être prononcé, mais non
« comme il semblait convenable au religieux qui
« présidait. Ce dernier lui ordonna de le pronon-
« cer autrement. C'est comme s'il eût dit *docère*

« en faisant longue la syllabe du milieu qui est
« longue en effet, et qu'on l'eût repris pour lui
« faire prononcer *docere*, en faisant brève cette
« même syllabe, ce qui est une faute : le prieur à
« la vérité n'était pas savant. Mais Lanfranc en
« homme sage, comprenant qu'il devait plutôt
« obéir à Notre-Seigneur qu'au grammairien Donat,
« abandonna sa prononciation et lut comme on le
« faisait lire, quoiqu'on eût tort. Il savait en effet
« que faire brève une syllabe longue, ou longue une
« syllabe brève, ce n'est pas un péché mortel, mais
« que ne pas obéir, en vue de Dieu, à quelqu'un
« placé au-dessus de soi, ce n'est pas une légère
« transgression. »

Herluin avait su apprécier promptement le trésor que Dieu lui avait confié. Quoiqu'il ne fût pas
savant lui-même, il avait trop d'intelligence pour
ne pas comprendre le prix de la science. Mais il
comprenait aussi que pour être véritablement utile,
la science a besoin d'être unie à la vertu, et surtout à une humilité profonde. Aussi, ne doutant
pas que Lanfranc n'eût reçu de Dieu une autre
mission que celle de labourer la terre et de chanter
des psaumes, il pensa néanmoins que le soumettre
à un noviciat long et sévère c'était centuplèr la puissance de son talent. De son côté, Lanfranc sentait
la nécessité de ces fortes épreuves. Aussi voulut-il
passer par le creuset du noviciat comme le dernier des moines, et, méprisant ses propres lumières, il s'abandonna à la direction d'Herluin

avec une confiance que nul ne surpassa. Car si
l'abbé estimait la science du novice, le novice estimait davantage encore l'éminente vertu de son
abbé. De là naissait entre eux ce combat d'humilité que nous rapportent les anciens chroniqueurs.
« Vous eussiez vu entre Herluin et Lanfranc, dit le
« biographe de ce dernier, une pieuse rivalité.
« L'abbé adonné à l'étude depuis peu de temps,
« et qui avait vieilli dans l'ignorance, considérait
« avec respect l'éminence du maître placé sous sa
« direction. Lanfranc ne s'enorgueillissait point
« de sa grande science, obéissait humblement en
« toutes choses, remarquait, admirait et confir-
« mait de son témoignage que Dieu avait accordé
« à Herluin de comprendre la sainte Écriture.
« Quand j'entends cet homme illettré, avait-il
« l'habitude de répéter souvent, je ne sais que
« dire, sinon que *l'Esprit de Dieu souffle où il*
« *veut* (1). »

Quoiqu'ils eussent suivi jusque-là des voies bien
différentes, grands comme ils l'étaient l'un et
l'autre par l'intelligence et par le cœur, ainsi rapprochés par le sacrifice, ces deux hommes étaient
faits pour se comprendre. Aussi vécurent-ils constamment dans l'union la plus intime.

Quand le temps des épreuves fut terminé pour
Lanfranc, Herluin se déchargea sur lui de l'administration intérieure du monastère en le nommant

______

1. Spiritus ubi vult spirat. Joan., III, 8.

prieur ; il se réservait les affaires du dehors, les rapports avec les étrangers, et l'administration temporelle pour laquelle sa connaissance des lois et des coutumes de la Normandie lui donnait une grande aptitude.

Une direction aussi éclairée que celle de Lanfranc était pour la communauté du Bec, qui s'accroissait peu à peu, un immense avantage ; mais ces moines à l'esprit inculte ne l'appréciaient guère. L'élévation de Lanfranc excita chez quelques-uns une sotte jalousie ; d'autres redoutaient sa sévérité ; il avait donné, pendant son noviciat, des exemples que tous ne se sentaient pas la force de suivre, et ils craignaient qu'il ne voulût exiger des autres ce qu'il exigeait de lui-même. Rebuté par ces dispositions des religieux, Lanfranc songeait à quitter le Bec pour se retirer dans un ermitage au milieu de la solitude. Mais Herluin, averti de son dessein par une vision, le conjura de ne pas l'abandonner. En voyant découvert son projet qu'il avait tenu si secret, Lanfranc reconnut la volonté de Dieu et ne songea plus qu'à rester au Bec.

Le savant prieur mit le monastère sur un nouveau pied. Il régnait parmi les compagnons d'Herluin une ignorance que le pieux abbé, malgré toute son intelligence, ne pouvait que reconnaître en gémissant, sans être propre à la dissiper. Mais sous la direction de Lanfranc, la communauté du Bec, qui jusque-là n'avait été qu'une pieuse colonie

agricole, ne tarda pas à se transformer en quelque
sorte en académie. Dans aucun monastère de cette
époque on ne porta aussi loin l'amour de l'étude
et le goût des ouvrages de l'esprit. C'est du Bec
que vint l'impulsion communiquée aux belles-
lettres dans toute la Normandie. « Sous Lanfranc,
« dit Ordéric le chroniqueur, les Normands ap-
« profondirent pour la permière fois le domaine
« des lettres ; car, sous les six ducs de Normandie
« qui avaient précédé, c'est à peine si on pouvait
« trouver un Normand qui se fût appliqué aux
« études libérales, et il ne s'y était rencontré au-
« cun maître jusqu'à ce que Dieu, qui pourvoit à
« toute chose, eût amené Lanfranc en Norman-
« die. » Le même Ordéric, qui était moine de
Saint-Évroult et qui avait visité le Bec, ne craint
pas de dire « qu'on eût pris presque tous les
« moines pour autant de philosophes, et que dans
« la conversation de ceux-là mêmes qui parmi
« eux passent pour ignorants, les plus brillants
« littérateurs auraient pu trouver des renseigne-
« ments à recueillir (1). »

Mais cette science que Dieu lui avait donnée,
Lanfranc devait-il la confiner dans l'étroite enceinte d'un monastère ? Herluin ne le crut pas ; il
regarda comme un devoir pour le Bec d'ouvrir
ses portes à ceux qui voudraient recevoir les leçons d'un si grand maître ; Lanfranc remonta

1. *Hist. eccl.*, libr. III et VII.

dans sa chaire. Elle fut bientôt entourée de plusieurs de ses anciens disciples et d'un grand nombre d'autres qui vinrent à leur suite ; la piété du moine semblait avoir agrandi la science du professeur, et l'enthousiasme éclata tout d'abord.

C'est alors que vint s'asseoir aux pieds de cette chaire célèbre ce jeune exilé de la vallée d'Aoste qui devait bientôt succéder à son maître et le surpasser.

CHAPITRE V

« La réputation de Lanfranc, dit Eadmer, était
« tellement extraordinaire et tellement répandue
« qu'elle attirait au Bec tout ce qu'il y avait de
« plus distingué sous le rapport de la noblesse
« et de la science, dans toutes les parties du
« monde (1). »

C'est ainsi qu'on vit venir au Bec, pour y recevoir les leçons de l'illustre professeur, le Milanais
Anselme de Baggio qui fut plus tard pape sous le
nom d'Alexandre II, Guitmond, qui devint évêque
d'Aversa, et Yves, si connu dans la suite sous le
nom d'Yves de Chartres.

Les plus savants ne croyaient pas leurs études
terminées tant qu'ils n'avaient pas entendu Lanfranc.

Par leur intelligence, leur application et leur

---

1. Excellens fama illius nobilissimos quosque clericorum
ad eum *de cunctis mundi partibus* agebat. — *Vit. S. Ans.*,
lib. I.

succès, les étudiants du Bec étaient dignes de leur maître. A peine Anselme eut-il franchi le seuil de cette brillante académie, qu'il se sentit dans son élément. Animé d'une noble émulation, il arriva bien vite à éclipser tous ses rivaux. Frappés de sa supériorité et encouragés par ses manières obligeantes, ses compagnons d'étude recouraient fréquemment à ses lumières, lui soumettaient leurs difficultés, lui demandaient des explications, en un mot, le consultaient comme un maître ; et ils ne savaient ce qu'ils devaient le plus admirer de sa pénétration ou de sa bonté.

Lanfranc prit tout d'abord sur le jeune Anselme, comme sur tous ses autres disciples, cet irrésistible ascendant que donne un esprit supérieur. Devinant son mérite hors ligne, il se sentit incliné vers lui par cette sympathie particulière qu'éprouve un maître distingué pour un disciple qu'il croit capable de le faire revivre un jour. « Il l'admit dans son intimité plus avant que tous les autres (1). »

Depuis qu'il s'était retiré au Bec, Lanfranc avait reçu le sacerdoce, et pour ses élèves il n'était plus seulement, comme autrefois, un simple professeur, il était un Père. Aussi Anselme lui livra-t-il sans réserve son intelligence et son cœur. Hélas ! ce pauvre cœur, les orages de la jeunesse et la

1. Ei post modicum familiaris præ cœteris discipulis fit. *Vit. S. Ans.*, lib. I:

dissipation du monde l'avaient singulièrement re-
froidi pour les choses de Dieu ! Le jeune seigneur
ne songeait plus qu'à étudier. L'étude absorbait
toutes ses facultés, occupait tous ses moments.
Non content d'y consacrer ses journées tout entières, il y employait une partie des nuits. Le régime des étudiants,sans être aussi austère que celui
des religieux, s'en rapprochait cependant beaucoup par sa frugalité. Mais qu'importe à Anselme?
Il a du temps, des livres et un maître. Chez lui,
l'étude n'est pas seulement un goût prononcé, c'est
une passion; et cette passion, sans cesse activée par
celle de la gloire, est comme une flamme qui dévore tout dans son âme, et ne lui laisse ni trêve,
ni repos. Il veut à tout prix devenir savant et arriver un jour à faire parler de lui dans le monde.
Mais les exemples des bons religieux du Bec, l'influence de Lanfranc, et par dessus tout la grâce de
Dieu réveillèrent peu à peu dans son âme d'autres
pensées. « Comme il fatiguait son corps, dans l'in-
« térêt de ses études, par les veilles, le froid et l'abs-
« tinence, il lui vint en pensée que, s'il se faisait
« moine, comme il en avait eu le dessein autrefois,
« il n'aurait pas à souffrir davantage, et qu'il se
« procurerait plus de mérite devant Dieu ; au lieu
« qu'en souffrant comme il le faisait, il ne savait
« pas s'il méritait quelque chose. Cette pensée s'é-
« tant fixée dans son esprit, il commença à faire
« toutes ses actions dans l'intention de plaire à Dieu,
« et méprisant le monde et ses plaisirs, il conçut

« le désir d'embrasser la vie monastique (1). »

C'est un trait bien saillant de la vie de notre saint qu'il ait été ramené à sa vocation par son attrait pour l'étude. Sans cet ardent amour de la science que Dieu avait placé dans son âme comme un contre-poids aux passions fougueuses de sa jeunesse, c'en était fait de lui : ses premières impressions de piété, ses désirs de vie religieuse, les saintes leçons de sa mère, tout allait être emporté par l'orage. Mais il y a beaucoup à attendre d'une âme dans laquelle, au milieu du naufrage de la vertu, surnage encore le goût des choses élevées, et le besoin de connaître la vérité.

Cependant, du désir de la vie religieuse aux vertus solides qu'elle exige il y a loin encore. Il s'engagea dans l'âme d'Anselme, entre la nature et la grâce, une lutte terrible d'où devait sortir un moine vulgaire ou un saint. Il aimait à raconter lui-même plus tard ce grand drame dont le dénouement décida du sort de sa vie.

« Il est donc arrêté que je me ferai moine, se
« disait-il, mais où ? Si c'est à Cluny ou au Bec,
« alors tout le temps que j'ai consacré jusqu'ici à
« l'étude des lettres aura été perdu pour moi. Car
« à Cluny, la sévérité de la discipline, et au Bec
« la science éminente de Lanfranc feront que je
« ne serai d'aucune utilité et que je serai compté
« pour rien. Je choisirai donc pour me faire reli-

1. Eadm., *Vit. S. Ans.*, lib. I.

« gieux un monastère où je puisse faire éclater ma
« science, et être utile à un grand nombre. —
« Telles étaient, ainsi qu'Anselme avait coutume
« de le raconter en plaisantant, les pensées que le
« jeune étudiant du Bec roulait dans son esprit.
« — Je n'étais pas encore dompté, ajoutait-il ; le
« mépris du monde ne s'était pas encore établi en
« moi. Je ne voyais pas combien étaient dangereux
« pour moi les rêves d'orgueil qui se cachaient
« sous le manteau de la charité. — Mais il rentra
« en lui-même. Eh ! quoi ! se dit-il alors, aspirer
« à la prééminence, aux distinctions honorifiques,
« aux louanges et à la célébrité, est-ce là être
« moine ? Non. Eh bien, fais-toi donc moine en un
« lieu où tu puisses, foulant aux pieds ton orgueil,
« être mis au-dessous de tous, pour l'amour de
« Dieu, ainsi que cela est juste ; être regardé
« comme le plus méprisable de tous, être estimé
« moins que tous les autres. Et où pourrais-je
« trouver ces avantages ? Assurément c'est au Bec.
« Là, en effet, je n'aurai aucune influence ; car il
« s'y trouve un homme d'une science éminente
« qui attire tout le monde à lui par son immense
« réputation et qui suffit à tous, et se gagne l'es-
« time et l'affection de tous. C'est donc là le lieu
« de mon repos. C'est là que Dieu sera le seul objet
« de mes pensées et de mes désirs ; c'est là que son
« seul amour sera ma contemplation ; c'est là que
« la douce pensée de Dieu toujours présente à ma
« mémoire sera mon soutien et mon bonheur, et

« le rassasiement de mon âme. — Telles étaient
« les pensées, les désirs, les espérances d'An-
« selme (1). »

Même après cette grande victoire il ne trouva
pas tout d'abord le calme et la paix du cœur. Il
était décidé à tout sacrifier, même la gloire des
lettres, à s'enterrer vivant dans le cloître, à s'y envelopper d'un éternel oubli, comme un mort qu'on
enveloppe dans son suaire, avant de le descendre
dans le tombeau. Mais cette obscurité à laquelle il
aspirait, il se demandait s'il ne la trouverait pas
plus profonde et plus assurée en se retirant dans
un ermitage ; quelquefois la pensée qu'il ferait
plus de bien en conservant sa fortune et sa liberté
lui faisait tourner ses regards vers le monde.
Pourquoi ne mèneráit-il pas une vie sainte et re-
tirée même au milieu du siècle, en consacrant son
patrimoine au soulagement des pauvres qu'il aimait tant ? Dieu voulait attacher la grâce de sa lumière à une vertu caractéristique de notre saint
qui déjà brillait en lui d'un vif éclat, sa docilité
d'enfant : il voulait qu'il entrât dans le cloître par
la porte de l'obéissance plus encore que par celle
du sacrifice. Plein de trouble et d'hésitation, il va
trouver Lanfranc, lui ouvre son âme et s'en remet
à sa décision. Lanfranc n'ose point trancher par

1. Eadm., *Vit. S. Ans.*, lib. I. Que l'on n'oublie pas que nous
ne retraçons en ce volume que la vie intime de notre saint.
Nous citerons souvent Eadmer parce qu'en le citant c'est
encore saint Anselme que nous citons puisque son récit a été
revu, corrigé et approuvé par le saint.

lui-même une question aussi grave. Le siége archiépiscopal de Rouen était alors occupé par un homme d'un coup d'œil prompt et sûr et d'une grande expérience dans la direction des âmes, le pieux et savant Maurille. Rouen n'était qu'à une faible distance ; il conseille à Anselme d'aller consulter Maurille, et il s'offre à l'accompagner ; Anselme part aussitôt avec son maître. Dès ce moment le jeune étudiant, que la grâce façonnait pour le cloître avec une puissance et une rapidité merveilleuses, en était déjà arrivé à ce degré d'immolation où l'homme, abdiquant en quelque sorte la direction de lui-même, n'aspire qu'à se remettre à un représentant de l'autorité divine pour être entre ses mains ce qu'est un bâton dans les mains d'un vieillard. Il racontait lui-même plus tard que, si, pendant qu'ils traversaient la grande forêt qui environne le Bec, Lanfranc lui eût dit : N'allons pas plus loin. Demeurez dans cette forêt et gardez-vous d'en jamais sortir, il eût immédiatement obéi.

Anselme répète à Maurille ce qu'il a dit à Lanfranc : trois genres de vie s'offrent à lui ; il n'attend qu'un mot de sa part et son choix est fait. Choisissez donc la vie monastique, dit l'archevêque, car elle l'emporte sur les deux autres par son excellence et ses avantages. Devant cette parole, toutes les irrésolutions d'Anselme disparaissent, tous ses troubles s'évanouissent, toutes ses obscurités se dissipent. On lui conseille le cloître : il sera donc désormais enfant du Bec.

CHAPITRE VI

Vue intérieure du Bec.

Désormais c'est dans le sanctuaire intime du Bec qu'il nous faudra suivre Anselme : c'est là que nous allons le voir se former, se développer et grandir.

Commençons par jeter un rapide regard sur cet intérieur monastique.

Herluin, nous l'avons vu, avait adopté la règle de saint Benoît : chaque abbaye modifiait cette règle par des usages particuliers. Les coutumes du Bec furent en grande partie établies par Lanfranc. En compulsant les *Statuts de Lanfranc*, le *Livre des usages du Bec*, le *Rituel du Bec*, on arriverait à reconstituer de toutes pièces la vie religieuse telle qu'elle se pratiquait dans ce monastère, du temps de saint Anselme ; travail intéressant sans doute, mais pour un petit nombre, et d'ailleurs d'une trop grande étendue: bornons-nous à quelques traits généraux.

Le moine n'est jamais seul. Il demeure constamment sous le regard de ses frères, protégé par leur présence, animé par leurs exemples, à l'église pour chanter en chœur les louanges de Dieu ; au chapitre pour s'humilier de ses fautes et conférer des intérêts de l'ordre ; au cloître et à la bibliothèque pour se livrer à la contemplation et à l'étude ; au réfectoire pour écouter une pieuse lecture qui nourrit son âme, en même temps qu'une nourriture frugale soutient son corps ; au dortoir il repose encore au milieu des autres moines dont les lits environnent le sien. Jusque dans ses voyages il aura un compagnon qui représente pour lui la communauté absente ; et ces deux enfants du cloître devront par des prières et des exercices en commun s'unir aux autres membres de la famille monastique. Des règles particulières dirigent leurs actions jusque dans les plus menus détails. Rencontrent-ils un monastère sur leur route, ils vont aussitôt lui demander l'hospitalité. Le père hôtelier les reçoit avec cordialité et leur procure les soulagements dont ils ont besoin ; puis, l'heure venue, il les introduit au chapitre. Les moines étrangers se prosternent devant le Père abbé. — *Que demandez-vous ?* — *Nous demandons, au nom de la bonté de Dieu, votre confraternité, et celle de tous les autres religieux, et l'avantage d'être reçu dans cette maison.* — *Que le Seigneur Tout-Puissant vous fasse trouver ce que vous cherchez, et qu'il vous accorde lui-même la société de ses élus !* — Le Père abbé leur ordonnait ensuite de s'asseoir, et, en signe de confraternité, il leur remettait le livre des règles. Dès lors ces religieux n'étaient plus des étrangers : ils suivaient, pendant tout le temps de leur séjour, les exercices de la communauté et participaient à ses avantages comme ses propres membres. C'est ainsi que le monastère étendait son ombre sur les voyageurs eux-mêmes, les suivait dans leurs pérégrinations, et les protégeait à distance.

Lorsque quelqu'un se présentait pour embrasser la vie monastique, on commençait par lui faire lire le livre des règles (1) ; puis, après l'avoir éprouvé pendant quelque temps, on le conduisait au chapitre. — *Que désirez-vous?* lui demandait le Père abbé. — *La miséricorde de Dieu, votre propre compassion, et votre société. — Que Notre-Seigneur vous accorde la société de ses élus !* — Tous les religieux répondaient : *Ainsi soit-il !* — Le postulant se prosternait alors aux pieds du Père abbé qui lui montrait la règle par son côté le plus sévère. — *Cette règle, promettez-vous de l'observer ? — Oui jusqu'à la mort. — Que Dieu vous accorde de tenir ce que vous promettez de telle sorte que vous méritiez de parvenir à la vie éternelle !* — Les religieux répondaient : *Ainsi soit-il!* Le Père abbé livrait alors le postulant au maître des novices qui le revêtait de l'habit religieux et le conduisait à l'église où, au milieu de cérémonies touchantes, il était définitivement reçu novice.

1. Dom Martène. *De antiquis Monachorum ritibus*, libr. V, cap. 2, De novitiis ad habitum recipiendis.

Séparés des religieux, placés sous la direction d'un maître qui ne les quittait pas un instant, les novices ne prenaient point part au chapitre, n'avaient aucun rapport avec les étrangers, et étaient soumis à des épreuves sévères. Ces épreuves terminées, si la conduite du novice répondait aux espérances que l'on avait conçues de lui, il devait s'adresser au prieur et à quelques-uns des religieux les plus anciens et les prier d'intercéder auprès du Père abbé pour qu'il fût admis dans l'ordre. Au jour fixé, il se prosternait de nouveau devant le Père abbé, en présence des religieux réunis au chapitre, et sollicitait son admission (1). Le Père abbé consultait les religieux, et, si leur avis était favorable, il accordait la faveur implorée. Alors commençait à la chapelle une longue suite de cérémonies et de prières. L'abbé entonnait le *Veni Creator* qui était chanté par tous les religieux ; il bénissait la cuculle du novice et l'en revêtait. Après l'avoir embrassé il lui couvrait la tête de son capuchon et le conduisait auprès de chacun des religieux pour qu'il leur donnât l'accolade fraternelle. Ce jour-là et le suivant on servait au nouveau moine une part de nourriture plus abondante qu'aux autres, et quelque chose de particulier, un poisson par exemple.

La première fois qu'il assistait au chapitre, le

1. Dom Martène. *De antiquis Monachorum ritibus,* lib. **V**, cap. 4, De novitiorum benedictione sive professinoe.— **Ex M.** S. rituali Beccensis monasterii.

maître des novices s'adressant au Père abbé lui disait en lui indiquant le nouveau religieux : *Seigneur, avec votre agrément, ce frère pourrait à partir de ce jour lire et chanter au chœur comme les autres. — Qu'il le fasse avec la bénédiction de Dieu !* répondait le Père abbé.

Cet homme qui vient de s'embarquer sur le vaisseau de la vie religieuse arrivera plus sûrement au rivage de l'éternité ; il y arrivera plus doucement aussi : il semble même déjà toucher au port tant il jouit d'une paix profonde. Il passera sa vie tout entière à l'ombre du cloître, voyant toujours devant lui les mêmes horizons, rencontrant les mêmes fleurs sous ses pas, écoutant les mêmes gémissements du vent dans les bois, regardant le Bec rouler entre ses étroites rives des flots qui ne changent jamais, comme il tourne lui-même, sans presque s'en apercevoir, dans un cercle de jours qui se ressemblent.

Parfois cependant un personnage de distinction, un évêque, un seigneur, un abbé visitait le monastère. Alors il y avait grand émoi au Bec : toute la communauté se mettait sur pied (1). La grande cloche sonnait trois fois, les religieux se réunissaient aussitôt, se revêtaient d'aubes et de chapes,

---

1. Dom Martène, lib. V, cap. 16. — Brevius liber usuum Beccensium :

In processione ad suscipiendam personam majus signum sonet aliquantum tribus vicibus, ut conveniant omnes et induantur albis et cappis. ... Exeat primus Abbas, post eum, etc., etc... Tout est réglé en grand détail.

et allaient en procession, en chantant des psaumes, au devant du personnage annoncé. On lui offrait de l'eau bénite, le livre de règles à baiser, et enfin l'encens. Le Père abbé le conduisait à l'église où il trouvait sa place préparée et ornée avec soin. Si l'étranger était un religieux ou un ecclésiastique il était admis à la table des moines. A la porte du réfectoire le Père abbé lui versait de l'eau sur les mains afin de remplir lui-même à son égard les devoirs de l'hospitalité. Celui qui était ainsi admis dans l'intérieur du cloître devait en respecter le recueillement en gardant le silence dans les lieux où les moines l'observaient eux-mêmes.

Mais ces distractions étaient rares ; d'ordinaire rien ne troublait la douce monotonie de la vie claustrale.

Cette vie quelle est-elle ? Que font ces moines pendant de longues années où chaque jour se ressemble ?

Ils se lèvent à minuit pour chanter matines à l'église ; ils retournent prendre un court repos, se relèvent de bonne heure pour chanter primes; pendant le reste de la journée, ils chantent les autres parties de l'office divin. Célébrer les louanges de Dieu, telle est leur première et leur principale occupation. C'est là ce que saint Benoît appelle l'*œuvre de Dieu* ; ils ne négligent rien pour l'accomplir avec régularité, avec ordre, avec éclat et avec solennité. Aux jours de fêtes ils déploient un surcroît de pompe qui varie suivant leur im-

portance ; chaque fête a ses cérémonies particulières.

Les jours ordinaires, ils se livrent, pendant les
intervalles qui séparent le chœur de l'office divin,
au travail des mains et au travail intellectuel : au
Bec ce dernier l'emporte de beauçoup sur l'autre
sans l'exclure complétement. L'étude y est particulièrement en honneur, et occupe une large place
dans la vie des religieux. Ils copient des manuscrits et cultivent avec ardeur les sciences ecclésiastiques, principalement la philosophie et la
théologie.

Outre l'école dont nous avons parlé, le Bec en
possédait une autre où des enfants et des adoles-
cents offerts par leurs parents pour devenir moines
étaient formés peu à peu, suivant leur âge, à la vie
religieuse.

De plus, l'action des moines ne se renfermait
pas dans le cloître : les gens qui dépendaient du
monastère formaient comme une paroisse qu'ils
étaient chargés d'édifier et d'instruire. Mais leurs
paroissiens les plus nombreux et les plus chers
étaient les pauvres qui venaient leur demander un
peu de pain, les voyageurs qui se reposaient un
instant sous leur toit, les affligés avides de consolations, les pécheurs qui avaient besoin de pardon
et de confiance. Ces bons religieux leur ouvraient
à tous, avec une générosité sans mesure, leur cœur
et leurs trésors.

Les joies intimes du commerce avec Dieu, de

tendres amitiés, des études captivantes, des récréations où l'on échangeait avec des frères aimés
ses idées et ses sentiments, quelque promenade
sous les bois, la méridienne dans les longs jours
d'été, apportaient aux hôtes du cloître quelque relâche et réparaient les forces de leur corps et de
leur âme. En somme leur vie n'était dure qu'en
apparence. Le travail et la prière, une abstinence
perpétuelle, des jeûnes fréquents, un vêtement
grossier, un peu de paille pour lit, un silence presque continuel, l'usage des instruments de pénitence,
l'obéissance à un supérieur, ce sont autant de
choses qui, en allégeant le poids de la chair, affran-
chissent l'âme et lui donnent des ailes pour s'envoler vers ces sommets d'où lui viennent, avec la
lumière, la joie et la sérénité.

La mort des moines était enveloppée, comme
leur vie, dans cette lumière, cette joie, et cette sérénité. Tous les ordres monastiques ont environné
la mort de consolations et d'allégresse : il suffit
pour s'en convaincre de parcourir les usages particuliers des anciens monastères. Mais ne parlons
que des coutumes du Bec (1).

Quand un moine, atteint d'une maladie grave,
semblait pencher vers la mort, la grande cloche
du monastère assemblait les religieux au chœur ;
de là ils se rendaient en procession auprès du malade, en chantant les psaumes de la pénitence.

1. Dom Martène, libr. V, cap 8. Ex libro Usuum Beccensium.

Quand on lui avait administré le saint viatique et l'extrême-onction, tous ses frères lui accordaient le pardon des offenses qu'ils pouvaient avoir reçues de lui, il leur pardonnait à son tour, puis il leur donnait le baiser d'adieu. A partir de ce moment on veillait sur lui le jour et la nuit pour lui prodiguer les consolations et les secours, et pour épier l'heure où viendrait la mort ; car le moine devait mourir environné de ses frères. Quand cette heure suprême paraissait imminente, un de ceux qui gardaient le malade donnait un signal particulier auquel tous les gens du monastère, les religieux, les novices, les enfants, les serviteurs eux-mêmes devaient, quelque part qu'ils fussent, se rendre auprès du mourant en courant à toute vitesse (1).

Quand le moine avait rendu son âme à Dieu, toutes les cloches du monastère sonnaient par trois fois pour annoncer ce grand événement ; on lavait son corps avec soin ; on le revêtait de ses habits religieux, on l'aspergeait d'eau bénite, on l'encensait et enfin on le portait à l'église où la communauté tout entière chantait l'office des morts. Une grande solennité accompagnait la sépulture ; mais avant que le corps du défunt fût confié à la

---

1. Tunc omnes fratres cum summa velocitate accurrant... Cette expression se retrouve dans tous les rituels des anciens monastères. Le livre des Coutumes de Cluny dit que les religieux ne doivent jamais courir qu'en cette occasion, et dans le cas d'un orage ou d'un incendie... Nihil amplius debent currere fratres nisi propter tempestatem aut focum.

terre, le prieur avait soin de recommander, en plein chapître, son âme aux prières de ses frères ; il prenait des dispositions pour que, pendant les trente jours qui suivraient immédiatement sa mort, une messe fût célébrée, chaque jour, à son intention. Chaque prêtre devait offrir trois fois le saint sacrifice pour lui. Ceux qui n'étaient pas prêtres remplaçaient chaque messe par la récitation de cinquante psaumes.

Ce n'étaient là que les prières déterminées par la règle; mais combien d'autres inspirées par la reconnaissance ou l'amitié montaient en secret vers Dieu ! Cet ami, ce frère, ce Père bien-aimé, qui venait de partir pour l'autre monde, combien de cœurs dévoués s'intéressaient à son sort ! Rien n'est beau comme cette union des âmes qui résiste aux coups de la mort ; et nulle part elle ne se montre aussi touchante et aussi forte que dans le cloître (1).

La vie monastique, on peut déjà l'entrevoir par cette rapide peinture de l'intérieur du Bec, était

---

1. Il y aurait une étude très-intéressante à faire sur la piété des moines envers les morts. En compulsant les usages des anciens monastères on recueillerait les traits les plus touchants. C'était, par exemple, une coutume en vigueur dans la Congrégation de Chezal-Benoît de laisser vide, pendant un mois après la mort de chaque religieux, la place qu'il occupait au réfectoire. On y déposait une petite croix de bois pour rappeler son souvenir à ses frères, et les engager à prier pour lui avec plus de ferveur. On servait sa portion de nourriture comme s'il eût été vivant, et on en faisait ensuite une aumône aux pauvres pour obtenir le repos de son âme. — Dom Martène, libr. V, cap. 13. Ex M. S. constitutionibus Congregationis Casalis Benedicti.

pleine de douceur, de charme et de poésie. C'était
bien un fardeau sans doute, mais c'était un de ces
fardeaux que l'on porte en chantant, comme dit
saint Anselme, *pondus cantabile* (1). A ne la voir
que de loin et à travers certains préjugés, elle
pourrait paraître propre à former des saints et des
savants, mais en les condamnant à un long
martyre : la vérité est qu'elle faisait surtout des
heureux.

Une des causes qui contribuaient le plus à multiplier les vocations religieuses était précisément
le spectacle du bonheur des moines. Les étrangers
qui fuyaient un instant le tumulte du siècle pour
visiter le cloître étaient frappés de trouver là ce
qu'ils rencontraient si rarement ailleurs, des
fronts épanouis, des sourires pleins d'une gaîté
franche, des visages rayonnant de joie, et plusieurs
se sentaient attirés vers un bonheur dont l'image
leur apparaissait pour la première fois. « Mais
« regardez donc, s'écriera plus tard saint Anselme
« en s'adressant à ceux qu'effraie l'austérité pré-
« tendue du cloître, mais regardez donc avec
« quelle allégresse, dans le monde entier, des
« chrétiens de tout sexe, de tout âge, de toute
« condition, portent ce fardeau en l'allégeant par
« leurs chants de joie (2) ! »

Le saint moine passera par toutes les charges
les plus importantes de la vie religieuse ; prieur,

1. Lettres, II, 16.
2. *Ibid.*, II, 12.

maître des novices, directeur des enfants qu'on élève pour le cloître, abbé, il se montrera constamment préoccupé du bonheur de ceux qui dépendent de lui. Il ne veut pas seulement qu'ils soient réguliers, il veut aussi, il veut absolument qu'ils soient heureux.

Ah ! qui nous rendra, au milieu des agitations de notre siècle positif, ces douces et poétiques solitudes où l'on n'entendait que le chant des oiseaux dans les bois, le vent sur la montagne, le bruit du torrent, les échos de la vallée, le murmure du lac et les mugissements de la mer, et où l'on goûtait dans la société de frères aimants et aimés, et sous la direction d'un Père au cœur tendre, un avant-goût des ineffables joies de l'éternité !

CHAPITRE VII

C'est en 1060, un an environ après son entrée au
Bec, c'est-à-dire à l'âge de vingt-six ou vingt-sept
ans, que de simple étudiant Anselme devint novice.
On s'aperçut bien vite que ce novice était un profès
en fait de sacrifice et de régularité. Une ambition
d'un nouveau genre s'était subitement emparée
de son âme, celle de surpasser en vertu ses frères
en religion comme il s'était appliqué jusqu'alors
à surpasser en science ses compagnons d'étude ;
ou plutôt il ne songeait plus désormais qu'à se
surpasser lui-même.

Il se fit tout d'abord remarquer par une obéissance exemplaire à la règle : c'est là le cachet des
vrais enfants de saint Benoît. Anselme puisa au
noviciat non pas seulement le respect et l'amour,
mais en quelque sorte le culte de la règle. Il en
sortit bénédictin accompli. Son âme saintement
amollie par le feu de la grâce avait admirable-

ment pris l'empreinte du moine tel que le veut saint Benoît, en suivant avec une scrupuleuse exactitude les moindres prescriptions de la règle destinée à le modeler, comme un métal en fusion se répand dans tous les coins et recoins du moule où on le jette. « Il était tellement fidèle aux « moindres prescriptions de la vie monastique, dit « son pieux biographe, que quiconque, dans la « communauté tout entière, voulait vivre en vrai « religieux n'avait qu'à jeter les yeux sur lui pour « y trouver un modèle de toutes les vertus, et pen- « dant les trois années qu'il resta simple moine il « marcha toujours de progrès en progrès chéri et « honoré de tous (1). »

Anselme se pénétra, pendant son noviciat, d'une vive dévotion pour son maître et son Père saint Benoît. « Oui certes, ô chef illustre entre les « plus grands chefs des armées du Christ, je me « suis placé sous votre conduite, quoique soldat « médiocre. Je vous ai choisi pour mon maître, « quoique disciple indolent. Je me suis dévoué « à vivre selon votre règle, quoique moine « charnel (2). » Ces paroles d'Anselme nous pei- gnent au naturel ses dispositions intérieures : son âme s'embellissait chaque jour des plus riches vertus que lui seul ignorait.

La pensée continuelle des fautes de sa jeunesse lui inspira un sincère et profond mépris de lui-

1. Eadm., *Vit. S. Ans.*, lib. I.
2. Orat. LXX ad S. Ben.

même. A l'entendre il n'était qu'un être vil et propre à exciter le dégoût, un débris immonde, un rebut à fouler aux pieds. Il prenait plaisir à se voir ainsi méprisable. Il jouissait de sa propre abjection. Cependant il craignait que cette abjection ne le privât du grand bonheur d'aimer son Dieu. « Ah ! je sais bien, Seigneur Jésus, s'écriait-« il, je sais bien et j'avoue que je ne suis pas digne « que vous m'aimiez. Mais vous, du moins, vous « êtes digne que je vous aime. Je l'avoue, je suis « un pécheur, je suis indigne, je suis immonde, « et cependant je ne veux point m'éloigner de « vous, ô très-doux Jésus ; que vous le vouliez ou « non, je ne vous quitterai point ; et, quoique « d'une main infirme, je veux m'attacher à vous, « et vous-même vous ne vous éloignerez point de « moi que vous ne m'ayez entièrement purifié de « mes péchés (1). »

Nature aimante jusqu'à la tendresse, jusqu'à la passion, Anselme avait enfin rencontré le seul objet sur lequel il pût épancher à son aise toute la plénitude de son amour. Dès qu'il eut entrevu, à travers les clartés sereines des méditateurs du cloître, la bonté et la beauté infinies de Dieu, il ne se pardonna plus de l'avoir tant offensé. Il demanda à Dieu avec de vives instances le don des larmes afin d'avoir au moins la consolation de pouvoir pleurer ses égarements : ses prières furent

1. Orat. XVI.

exaucées. Le seul nom de son bon Maître prononcé devant lui, ou même simplement le regard de son âme levé vers ce Jésus qu'il aimait, faisaient jaillir de ses yeux des flots de larmes. Il passait souvent des nuits entières à pleurer.

Peu de temps après qu'il eut terminé son noviciat, Anselme fut promu au sacerdoce. Il fallut faire violence à son humilité, et, quand on eut mis sur ses épaules, en quelque sorte malgré lui, ce fardeau redoutable aux anges eux-mêmes, il en fut atterré. Il se demandait si Dieu, en punition de ses péchés, n'avait point permis que ses supérieurs se trompassent sur son compte. L'obéissance ne suffisait plus à le rassurer ; elle avait bien pu l'obliger à recevoir le sacerdoce, mais lui avait-elle donné les vertus qu'il demande ? Il ne montait à l'autel qu'avec des terreurs étranges. Le souvenir de ses désordres, la vue des fautes légères qui échappaient à sa faiblesse et dont il s'exagérait la gravité, ses distractions, ses tentations, les mouvements de la concupiscence qui s'élevaient en lui, tout cela lui paraissait un abîme de misères incompatible avec la sainteté qu'exige la célébration des saints mystères. Mais, d'un autre côté, il trouvait tant de consolation à immoler chaque jour l'Agneau sans tache, à le tenir dans ses mains, et à contempler à travers ses larmes cette blanche hostie sous l'apparence de laquelle une foi qui devenait de plus en plus vive lui montrait son Dieu, l'unique objet de ses affections ! Devait-il se laisser

arrêter par la crainte ou se laisser aller aux élans
de son amour ? Il ne trouva qu'un moyen d'é-
chapper aux perplexités qui l'enveloppaient : ce
fut de devenir un saint.

Pendant que le jeune religieux grandissait ainsi
en sainteté, à l'ombre du cloître, à son insu, et ne
songeant qu'à se faire oublier de tous, un événement imprévu survint tout à coup qui devait
faire briller à tous les regards sa vertu et sa
science, et lui procurer cette gloire qu'il avait
sacrifiée en se faisant moine au Bec.

Guillaume le Bâtard avait succédé en 1035 à son
père le duc Robert le Diable. Il avait épousé
Mathilde, fille de Baudoin V, comte de Flandre, et
petite-fille de Richard II, duc de Normandie. Elle
était sa parente à un degré qui constituait un
empêchement canonique; mais la défense expresse
du pape Léon IX et l'excommunication suspendue
sur sa tête, en cas de désobéissance, n'avaient pas
arrêté le prince normand. Lanfranc, dont l'activité
n'était point circonscrite dans l'enceinte de son
monastère, avait protesté contre ce scandale, et il
était tombé dans la disgrâce de Guillaume. Mais ce
prince lui rendit bientôt après son amitié et l'envoya à Rome pour obtenir du pape l'absolution de
l'excommunication qu'il avait encourue, et la dis-
pense de l'empêchement qui s'opposait à son
mariage. Grâce aux habiles négociations de Lanfranc le pape fit droit à sa demande, à la seule
condition que Guillaume et Mathilde bâtiraient

chacun un monastère. Celui que Guillaume éleva à Caen en l'honneur de saint Étienne fut magnifique et vraiment digne de lui. Il voulut que Lanfranc en devînt le premier abbé. En vain le modeste prieur opposa-t-il les résistances les plus vives ; le duc fut inflexible. Ce fut pour Herluin un coup aussi douloureux qu'inattendu : son monastère serait donc désormais privé de celui qui en était le soutien et l'ornement ? Il fallut s'incliner devant la volonté toute-puissante de Guillaume et céder à Saint-Étienne de Caen le trésor du Bec. Le vénérable abbé ne savait pas alors qu'il possédait dans la personne d'Anselme une autre perle d'un bien plus grand prix. Cependant il avait reconnu dans ce jeune religieux un mérite supérieur, et, d'après le conseil de Lanfranc lui-même, il l'appela à monter dans sa chaire et à lui succéder comme prieur.

On était alors en 1063 : Anselme n'avait embrassé la vie religieuse que depuis trois années seulement.

Les desseins de la Providence sur notre saint commencent à se dévoiler : Dieu ne le voulait ni à l'abbaye de Saint-Léger, dans sa patrie, ni à Cluny, au cœur de la Bourgogne. La religion et la science fleurissaient déjà dans ces contrées. C'était dans la Normandie rude et inculte qu'Anselme était appelé à populariser l'amour de la vie religieuse.

Veiller à l'observation de la règle et au maintien

de la discipline, diriger les religieux, les éclairer, les soutenir, les animer au bien, les reprendre et les corriger au besoin, telle était la mission difficile et délicate du prieur. Plusieurs des anciens religieux furent blessés de la voir confier à un novice à peine sorti du siècle, qui manquait d'expérience et n'avait pas donné comme eux des marques d'une vertu éprouvée par le temps. Ce brillant élève, ce fervent novice, serait-il un prieur sage et prudent ? Ils aimaient à en douter. Lanfranc du moins avait en sa faveur l'autorité de l'âge et sa réputation ; mais ce jeune inconnu qu'on choisissait pour lui succéder, ne lui aurait-il pas mieux convenu de continuer à obéir que de se mettre tout d'un coup à leur commander ? Tant qu'Anselme était demeuré au dernier rang il avait joui de l'estime et de l'affection de tous ; à peine fut-il placé à la tête de ses frères que plusieurs se prirent aussitôt à le détester et à le dénigrer. Ils formèrent des coteries et s'efforcèrent de communiquer aux autres leurs mauvaises dispositions. Leur but était de rendre au nouveau prieur l'exercice de sa charge impossible ; ils espéraient amener promptement les choses au point qu'on serait forcé de reconnaître qu'un tel choix avait été injuste et imprudent. Anselme, pensaient-ils, ne tarderait pas à se décourager et à renoncer de lui-même au priorat. Ils ne se doutaient pas que ce jeune homme si doux, si modeste et si recueilli, était un de ces caractères énergiques que les difficultés stimulent au lieu de les abattre. Devant une opposition de ce genre Lanfranc avait pris, quelques années auparavant, la résolution de s'enfuir. Anselme plus jeune sentit son courage s'accroître avec les obstacles : il était trempé pour la lutte.

Murmures, détractions, résistances ouvertes, menées sourdes, les ennemis du prieur ne reculèrent devant aucun moyen pour entraver son gouvernement (1). Ils réussirent en peu de temps à mettre dans leur parti la communauté presque tout entière, et Anselme vit se déchaîner contre lui une tempête des plus violentes. C'est pendant la tourmente qu'on reconnaît l'habileté du pilote : cette première tempête qui sera suivie de tant d'autres va nous faire entrevoir le plus beau côté du caractère de no're saint. Qu'opposa-t-il à ce déchaînement de la haine et de l'envie ? Le calme, la patience, et par dessus tout une mansuétude, une bonté, une charité à toute épreuve.

Il s'accommodait à l'humeur, au caractère, aux faiblesses même de chacun, ne se blessait d'aucun procédé, ne se laissait rebuter ni aigrir par aucun défaut. Il accueillait chacun avec une affabilité charmante, avec un visage constamment doux et serein. Toujours une parole gracieuse, un mot d'encouragement, ou bien un de ces doux re-

1. Scandala movent, dissensiones pariunt, sectas nutriunt, odia fovent... Eadm., *Vit. S. Ans.*, lib. I.

proches qui dilatent le cœur au lieu de le resserrer. Quelqu'un avait-il commis une faute, il était sûr de trouver en lui, avant tout, indulgence et compassion. Une prédilection marquée l'inclinait vers ceux qui étaient éprouvés par quelque souffrance de l'âme ou du corps. Les malades étaient l'objet de ses soins les plus empressés. Non content de les visiter, de s'informer de leur état, le plus souvent il les servait lui-même, et leur procurait, sans aucun retard, sans la moindre marque d'ennui, ce dont ils avaient besoin. « O combien de malades « dont on n'espérait plus la guérison, s'écrie Eadmer, « et qui ont été rendus à la santé grâce à son af- « fectueuse sollicitude (1) ! »

Parmi les moines du Bec se trouvait un vieillard nommé Herewald qui, arrivé à la décrépitude, était en outre privé par la maladie de l'usage de tous ses membres. Il ne lui restait de libre que la langue. Ce bon vieillard ne voulait recevoir de nourriture que de la main d'Anselme, de boisson que présentée par Anselme. Le saint prieur le servait dans tous ses besoins. On le voyait, par exemple, prendre une grappe de raisin, en exprimer le jus dans le creux de sa main, et le distiller goutte à goutte sur les lèvres de son cher malade.

En un mot Anselme était, suivant l'expression d'Eadmer, « un père pour ceux qui se portaient « bien et une mère pour ceux qui étaient malades,

1. *Vit. S. Ans.*, lib. I.

« ou plutôt un père et une mère pour tous (1). »

Pour nous faire bien comprendre par quels moyens le saint prieur triompha de l'opposition des moines du Bec, Eadmer nous a conservé avec les plus intéressants détails l'histoire d'un jeune religieux qui lui était particulièrement hostile et dont il réussit à changer entièrement les dispositions, à force de l'aimer. Nous allons la lui laisser raconter lui-même pour ne pas nous exposer à ne rendre qu'à demi ce qu'elle a de doux, de naïf et de touchant.

1. *Vit. S. Ans.*, lib. I.

CHAPITRE VIII

Histoire d'Osbern.

« Parmi les moines du Bec se trouvait un ado-
« lescent nommé Osbern. D'un esprit pénétrant et
« très-habile dans les ouvrages des mains, il don-
« nait de grandes espérances. Mais la perversité
« de ses mœurs ternissait toutes ces belles qualités:
« ce qui lui était plus nuisible que tout le reste,
« c'était la haine ou plutôt la rage (*more canino*)
« qu'il nourrissait contre Anselme. En ce qui le
« touchait personnellement, Anselme faisait peu
« de cas de cette haine ; mais il désirait vivement
« voir les mœurs du jeune moine répondre à la
« vivacité de son intelligence. Pour obtenir ce qu'il
« désirait il eut recours à un saint artifice. Il
« commença par gagner cet adolescent au moyen
« de pieuses caresses. Il supportait avec indulgence
« tous ses enfantillages, lui accordait une foule
« de permissions et de dispenses qui étaient de
« nature à divertir sa jeunesse, et à plier à la
« douceur son caractère indomptable. Le prieur
« ne reculait que devant ce qui était absolu-

« ment incompatible avec le bon ordre du monas-
« tère.

« Le jeune Osbern trouve du plaisir dans ces
« amusements et son humeur farouche s'adoucit
« peu à peu. Il se prend à aimer Anselme, à bien
« recevoir ses avis, et à réformer ses mœurs. Le
« prieur remarquant ce changement l'environne
« d'une affection particulière, l'admet dans son
« intimité, lui prodigue tous ses soins et les
« marques de la plus vive tendresse ; il l'exhorte
« de toutes les manières à faire de nouveaux
« progrès dans le bien. Puis retirant peu à peu les
« amusements qu'il avait accordés à sa légèreté et
« à son âge, il s'efforce de l'amener à mettre dans
« toute sa conduite quelque chose de grave et de
« mûr. Pieuse sollicitude couronnée d'un plein
« succès ! Osbern met à profit et fait fructifier les
« avis du saint prieur. Dès que ce dernier crut
« pouvoir compter sur la solidité des résolutions
« d'Osbern, il ne lui passa plus aucun enfantillage,
« et, s'il venait à remarquer dans sa conduite
« quelque chose de répréhensible, non-seulement
« il l'en avertissait par des paroles, mais il l'en
« corrigeait par de rudes flagellations. Que faisait
« Osbern ? Il supportait tout avec calme, se forti-
« fiait dans son dessein de devenir un parfait reli-
« gieux, montrait une très-grande application à
« s'instruire de toutes les pratiques monastiques,
« souffrait patiemment les affronts, les injures
« et les détractions, et conservait à l'égard de

« tous ses frères une charité sincère. Son bon Père
« s'en réjouissait au delà de tout ce qu'on peut
« dire, et il avait pour son enfant un amour al-
« lumé par le feu sacré de la charité qui surpas-
« sait tout ce qu'on peut croire.

« Mais alors qu'il espérait déjà, comme il le
« racontait lui-même en pleurant, que son Osbern
« porterait un jour de grands fruits dans l'Église,
« voici que le jeune moine est saisi d'une maladie
« grave qui l'oblige à se mettre au lit. Aussitôt
« vous eussiez vu ce bon Père, plein d'affection
« pour cet heureux jeune homme, assis à son che-
« vet le jour et la nuit. C'est Anselme qui lui
« donne à boire et à manger, Anselme qui se
« charge seul de le servir. En tout il se montre
« un véritable ami ; il met autant de vigilance à
« soigner son corps que de zèle à améliorer son
« âme. Puis le voyant près de mourir, il lui com-
« mande, dans un entretien intime, de revenir
« après sa mort, s'il le peut, lui révéler l'état dans
« lequel il se trouvera. Osbern le lui promet et
« meurt.

« On lave le corps du défunt, suivant l'usage,
« on le revêt de l'habit monastique, on le dépose
« dans le cercueil et on le porte à l'église. Ses
« frères se réunissent autour de son cercueil et
« chantent des psaumes pour le repos de son âme.
« Pendant ce temps-là Anselme s'était retiré dans
« un coin de l'église afin d'y prier plus à l'aise
« pour son cher défunt. Après avoir beaucoup

« pleuré, abattu par la douleur et épuisé de fa-
« tigue, il se laisse aller au sommeil ; à peine
« commençait-il à fermer les yeux qu'il voit en
« esprit, dans la chambre où Osbern venait d'ex-
« pirer, plusieurs personnages d'un aspect véné-
« rable et parés de vêtements d'une blancheur
« éclatante, assis pour prononcer son jugement.
« Comme il ignorait la sentence de ce jugement
« et qu'il désirait vivement la connaître, voilà
« qu'Osbern se présente à lui semblable à un
« homme qui se remet d'une défaillance occa-
« sionnée par une maladie ou par une abondante
« perte de sang. — Eh bien ! qu'y a-t-il, mon fils ?
« Comment vous trouvez-vous ? s'écrie aussitôt
« le bon Père. Osbern lui répond : trois fois l'an-
« tique serpent s'est dressé contre moi et trois fois
« il est retombé sur lui-même, et un des gardes
« du Seigneur m'a délivré de lui. A ces mots
« Anselme s'éveilla : Osbern avait disparu. Ainsi
« donc, par la force de l'habitude, ce défunt avait
« continué à se montrer obéissant envers son su-
« périeur, même après sa mort.

« Que si quelqu'un désire savoir comment
« Anselme interpréta les paroles de cet obéissant
« défunt, qu'il prête un instant l'oreille. L'antique
« serpent s'est dressé trois fois contre Osbern, di-
« sait-il, parce que le démon l'a accusé des péchés
« qu'il avait commis après son baptême, avant
« qu'il eût été consacré à Dieu par ses parents,
« dans la vie monastique ; il l'a encore accusé des

« péchés qu'il avait commis après cette oblation
« de lui-même faite par ses parents et sa profes-
« sion ; enfin il l'a accusé des péchés qu'il avait
« commis entre sa profession et sa mort. Mais il
« est retombé trois fois sur lui-même parce qu'il
« a trouvé les péchés qu'il avait commis dans le
« siècle expiés par la foi de ses parents au mo-
« ment où ils l'offrirent à Dieu (1) ; quant aux pé-
« chés dont il s'était rendu coupable, dans le
« cloître, avant sa profession, le démon les a
« trouvés expiés par sa profession elle-même.
« De même il a trouvé, à sa honte, effacés par une
« bonne confession, un vrai repentir, et expiés
« par sa mort, les péchés dans lesquels était tombé
« ce jeune moine avant ce dernier moment. Et
« ainsi, par un juste jugement de Dieu, le malin
« esprit a gémi de voir retomber sur lui, comme
« un nouveau poids de sa damnation, les piéges
« par lesquels il avait induit Osbern au péché. Et
« l'un des gardes du Seigneur Dieu l'a délivré :
« les gardes de Dieu sont les bons anges.

« A partir de ce jour, pendant toute une année,
« voulant remplir à l'égard de son ami défunt ces
« devoirs de sainte affection dont il s'était si bien
« acquitté pendant sa vie, Anselme offrit chaque
« jour pour le repos de son âme le saint sacrifice
« de la messe ; et, quand il ne pouvait la célébrer

---

1. En ce sens que cette foi de ses parents avait obtenu de
Dieu pour lui la grâce du repentir.

« lui-même, il en chargeait un de ses reli-
« gieux.

« Non content de prier lui-même, il envoyait
« des lettres de toute part dans le but d'obtenir
« des prières pour l'âme de son Osbern (1). »

Plusieurs de ces lettres nous ont été conservées.
Elles sont un des plus beaux monuments de l'a-
mour des âmes (2).

« Je vous conjure, écrivait Anselme à son ami

1. Eadm., *Vit. S. Ans.*, lib. I.
2.   Le véritable amour, c'est l'amour des âmes.
« Celui qui aime une personne pour sa beauté, l'aime-t-il? »
se demande Pascal. « Non, répond-il, car la petite vérole qui
« tuera la beauté sans tuer la personne, fera qu'il ne l'aimera
« plus. Et si on m'aime pour mon jugement, pour ma mé-
« moire, m'aime-t-on, moi? Non ; car je puis perdre ces qua-
« lités, sans me perdre, moi. Où est donc ce moi, s'il n'est
« ni dans le corps, ni dans l'âme? Et comment aimer le corps
« ou l'âme sinon pour ces qualités qui ne sont point ce qui
« fait le moi, puisqu'elles sont périssables ? Car aimerait-on la
« substance de l'âme d'une personne abstraitement, et quelques
« qualités qui y fussent? Cela ne se peut et serait injuste. On
« n'aime donc jamais personne, mais seulement des qualités. »
C'est là une de ces boutades si ordinaires à Pascal. Mais à
travers ce qu'il y a d'exagéré, de sophistique et de déclama-
toire dans cette note incomplète jetée en passant, dans une
saillie d'humeur noire, on entrevoit la nature du véritable
amour. Il consiste à ne s'attacher qu'aux âmes et encore à ce
qu'il y a en elles d'impérissable
Ces paroles de Pascal ne sont dites que de l'amour naturel.
Mais elles nous aident à comprendre que le seul amour vrai,
profond et constant, c'est l'amour surnaturel des âmes en
Dieu, à cause de ce qu'il y a de divin en elles.
Enfin nous ferons remarquer que cet amour qui poursuit les
âmes au-delà de la tombe est une démonstration à la fois solide et touchante de leur immortalité. « Démonstration abso-
« lument certaine, dit le Père Gratry, pour qui sait voir, et
« surtout pour qui sait aimer Je veux aimer toujours ceux que
« j'aime. Donc ils vivront et je vivrai. Cette démonstration-là
« ne s'oublie pas. Elle est certaine si Dieu existe et si sa créa-
« tion n'est pas une ironie. Pourquoi cela ? Parce que le Dieu
« d'amour n'est pas le Dieu des morts, mais des vivants. »
De la connaissance de l'âme. Livre II, ch. 1.

« Gondulfe, ancien moine du Bec que Lanfranc
« avait emmené avec lui, je vous conjure, vous et
« tous mes amis, de vous souvenir de mon très-cher
« Osbern défunt. Quelque part que soit Osbern,
« son âme est mon âme. J'accepterai donc en sa
« faveur, pendant ma vie, tout ce que je pouvais
« espérer de mes amis, après ma mort, de telle
« sorte qu'ils seront quittes envers moi, quand je
« serai mort. Adieu, adieu, mon très-cher, et pour
« vous importuner à mon tour, je vous en prie,
« oui je vous en prie, et vous en prie encore,
« souvenez-vous de moi et n'oubliez pas l'âme de
« mon cher Osbern. Mais si vous trouvez que je
« vous suis trop à charge, oubliez-moi, et souve-
« nez-vous de lui (1). »

Il écrivait à un autre ancien moine du Bec
nommé Henry qui avait également suivi Lanfranc:
« Je ne puis ni prier Dieu pour mon Osbern, ni
« intéresser les autres en faveur de son âme, de
« manière à me satisfaire ; aussi je vous répète,
« pour le bien graver dans votre esprit, que tout
« ce que j'ai dit à Gondulfe en faveur de son âme,
« je vous le dis aussi. » Il ne peut terminer sa
lettre sans ajouter encore un mot pour son
Osbern. Il craint toujours de n'avoir pas assez
dit. « Adieu, et regardez l'âme d'Osbern comme
« celle d'un autre moi même ; regardez-la comme
« la mienne et non comme la sienne propre (2).»

1. Lib. I, épist. IV.
2. Lib. I, épist. V.

On sent éclater dans ces lignes les transports d'une passion sainte, mais enfin d'une vraie passion : la passion d'un saint pour une belle âme (1). Le souvenir de cette âme se mêle à toutes les pensées, à tous les sentiments d'Anselme. Il ne peut plus converser, il ne peut plus écrire, sans parler de celui qu'il aime.

Vaincus par le spectacle de tant d'amour, les moines du Bec livrèrent tous leurs âmes au saint prieur pour qu'il les aimât comme il aimait celle d'Osbern.

1. Les païens ne connurent jamais de tels accents. Ce mot si pur et si beau : *l'amour*, ne rendait pas pour eux les mêmes sons que pour nous. Ils ne soupçonnaient même pas « ce « commandement nouveau » que nous a donné notre divin Maître. C'est le christianisme qui, en nous révélant le prix des âmes, nous a appris à les aimer avec passion. Cette passion sublime, tous les saints l'ont ressentie. Notre-Seigneur l'a popularisée. Et cependant combien de chrétiens qui, loin de la bien comprendre, n'en ont pas même l'idée !

CHAPITRE IX

Sainteté croissante d'Anselme. Dieu la manifeste par des prodiges.

Une autre raison encore contribua singulièrement à faire cesser l'opposition des moines du Bec : c'est qu'ils reconnurent que leur nouveau prieur était un saint. Il profita de la liberté qui lui était donnée par sa charge pour s'adonner davantage à la prière et à la mortification. Il passait la plus grande partie des nuits en oraison.

« En ce qui touche à ses mortifications, dit
« Eadmer, je crois qu'il vaut mieux me taire que
« d'en parler. Que pourrais-je dire de ses jeûnes
« puisque dès le commencement de son priorat il
« macéra son corps par une si grande abstinence
« que non-seulement il ignorait absolument les
« appâts de la sensualité, mais qu'il n'éprouvait
« plus, ainsi qu'il avait coutume de le dire, ni
« faim, ni plaisir à manger, même après les plus
« longs jeûnes. Il mangeait cependant comme
« les autres hommes, mais avec une grande so-
« briété, et parce qu'il savait que son corps avait

« besoin de nourriture pour subsister (1). »

Il importe de remarquer dès maintenant ce caractère de la sainteté d'Anselme. C'est un ange dans la chair. Il mange, il boit, il dort, par raison. Toutes ses vertus, nous le verrons dans la suite, furent marquées à ce cachet d'une haute et inflexible raison. Chez lui l'enthousiasme s'alliait à une sagesse froide et calme. Il était philosophe en tout. Aussi ne tomba-t-il jamais dans ces pieux excès d'austérité que saint Bernard se reprochait vers la fin de sa vie. Il comprenait et il s'appliquait à faire comprendre aux autres que la mortification n'est pas un but, mais un moyen.

« Il y a deux espèces de vertus, disait-il sou-
« vent dans ses conversations familières, il y a
« deux espèces de vertus qui diffèrent entre elles
« comme le corps et l'âme. Les unes sont inté-
« rieures et invisibles, les autres extérieures et
« visibles. Les vertus intérieures sont la charité,
« l'humilité, la patience, la bonté et autres sem-
« blables. Les vertus extérieures consistent à
« jeûner, à faire l'aumône, à passer les nuits en
« prière, à répandre de pieuses larmes, et en
« d'autres choses de ce genre. Mais le corps ne
« peut exister longtemps sans l'âme ; l'âme au
« contraire peut exister sans le corps. De même
« les vertus extérieures ne peuvent exister long-
« temps sans les vertus intérieures. En effet,

1. *Vit. S. Ans.*, lib. I.

« quelqu'un peut conserver longtemps la charité
« sans jeûner, mais il ne pourra continuer long-
« temps à jeûner pour l'amour de Dieu, s'il ne
« l'aime point réellement. De même encore que
« l'esprit malin s'empare quelquefois du corps
« d'un homme, et le soutient, et le fait subsister,
« de même aussi la vaine gloire peut entrer dans
« le cœur d'un homme, et produire à l'extérieur
« des vertus simulées. Car si la charité fait jeûner,
« la vaine gloire aussi. Mais un corps sans vie ne
« tarde pas à tomber en pourriture, et à être mé-
« prisé. C'est ainsi que les vertus extérieures, si
« elles ne sont soutenues par des vertus inté-
« rieures, s'attirent bientôt le mépris. En effet, si
« un homme s'applique beaucoup au jeûne, mais
« paraît en même temps prompt à se fâcher, et
« qu'il lui arrive d'être loué par quelqu'un à cause
« de son jeûne, un autre répondra aussitôt : — Et
« qui fera attention au jeûne d'un homme qui
« s'emporte pour rien ? — Si au contraire tout en
« mangeant plus souvent il était humble et pa-
« tient, et qu'il fût blâmé par quelqu'un de ne pas
« jeûner, un autre ne manquerait pas de répondre
« à l'instant : Certes, il mérite bien de manger,
« car il est fort patient et fort bon (1). »

On a dans ces paroles de notre saint un aperçu
des principes qui le dirigeaient lui-même et suivant lesquels il dirigeait les autres.

(1) Eadm. *De simil. S. Ans.* XCVI.

Cette sagesse d'Anselme lui concilia les esprits en même temps que sa bonté lui gagnait les cœurs.

Du reste Dieu lui-même voulut montrer par un prodige qu'il était du côté de la patience et de la charité. « Un des religieux les plus anciens du « monastère qui s'était montré le plus acharné « contre Anselme fut atteint d'une maladie qui le « réduisit à l'extrémité. Au moment où les frères « faisaient la méridienne, voici que tout d'un « coup le malade qui était couché à l'infirmerie se « mit à jeter des cris lamentables et à s'agiter « comme s'il eût voulu se dérober à d'horribles vi- « sions. Pâle et tremblant il se tournait de côté « et d'autre, cherchant à cacher son visage. Les « frères qui l'assistent sont saisis d'effroi. — Qu'a- « vez-vous donc ? lui demandent-ils. — Eh quoi! « répond le malade, vous voyez deux énormes « loups qui m'étreignent, et qui déjà m'étouffent, « en me serrant la gorge entre leurs dents, et « vous me demandez ce que j'ai ! A peine eut-il « dit ces mots que l'un des moines nommé Riculfe « courut en toute hâte vers Anselme qui était alors « dans le cloître, occupé à corriger des manus- « crits. L'ayant fait sortir il lui raconta ce qu'il « venait de voir et d'entendre. Anselme ordonna à « Riculfe de retourner auprès du malade ; pour « lui, il se retira à l'écart. Quelques instants « après il se rendit auprès du moine tourmenté. « En entrant dans sa chambre il leva la main et

« forma le signe de la croix, en disant : Au nom
« du Père, et du Fils, et du Saint-Esprit. Aussitôt
« le malade redevint calme ; la sérénité se répan-
« dit sur son visage, et il se mit à rendre grâces à
« Dieu de tout son cœur. Il disait qu'au moment
« où Anselme avait franchi le seuil de la porte et
« avait levé la main pour faire le signe de la
« croix, il avait vu une flamme sortir de sa bouche,
« en forme de lance, qu'elle avait frappé les loups
« et les avait promptement mis en fuite. Alors
« Anselme eut avec le malade un entretien particu-
« lier ; il lui parla du salut de son âme, il toucha
« son cœur et l'amena à lui confesser avec repen-
« tir toutes les fautes par lesquelles il put se sou-
« venir d'avoir offensé Dieu. Ensuite il lui en
« donna l'absolution en vertu de son autorité sa-
« cerdotale, et il annonça qu'il sortirait de cette
« vie à l'heure où les frères se lèveraient pour
« chanter none. C'est en effet ce qui arriva. Au
« moment où les moines quittaient leurs lits, on
« le leva lui-même, on l'étendit à terre, et lors-
« qu'ils furent tous réunis autour de lui, il rendit
« le dernier soupir (1). »

Ce ne fut pas le seul fait merveilleux par lequel
Dieu manifesta la sainteté de son serviteur.

Un jour un seigneur de Normandie fit prier
Anselme de venir le trouver parce qu'il avait une
communication importante à lui faire. Le prieur

---

1. Eadm. *Vit. S. Ans.*, lib. I.

se rendit à son château accompagné de quelques-
uns de ses religieux. L'entretien était terminé, la
nuit approchait, et le seigneur oubliait à l'égard
de ses hôtes les devoirs de l'hospitalité. On eût
dit qu'Anselme ne s'apercevait de rien ; prenant
congé du châtelain il part avec ses compagnons.
Mais le Bec était loin : où passer la nuit ? Après
avoir cheminé quelque temps ils rencontrent un
de leurs frères qui venait au-devant d'eux. Con-
naîtriez-vous, lui demanda Anselme, un gîte où
nous pourrions prendre un peu de repos ? — Oui,
Père, il y a bien tout près d'ici une pauvre chau-
mière où nous pourrions nous retirer, mais nous
n'y trouverons pour souper que du pain et du
fromage. — Excellent homme ! reprit Anselme en
souriant, ne vous mettez pas en peine pour cela !
Allez vite, faites jeter un filet dans la rivière
voisine, et vous nous rapporterez tout aussitôt un
poisson qui suffira pour nous tous. — Le moine
court en toute hâte trouver un pêcheur et le
presse de jeter son filet sur-le-champ. Le pêcheur
n'était pas habitué à trouver aussi promptement
le poisson qu'il désirait : il se met à rire. Le
moine le prie, le supplie, lui commande, et finit
par le décider. Quelle n'est pas la surprise de cet
homme quand retirant presque aussitôt son filet
il y voit une truite d'une grosseur extraordinaire
et un autre poisson plus petit. Stupéfait et tout
effrayé, le brave homme assure que depuis vingt
ans il fouille la rivière et n'a jamais pris de pois-

sons semblables. Selon la prédiction d'Anselme, la truite suffit, et au delà, à l'appétit de tous les convives.

Une autre fois Anselme se trouvant en voyage, en compagnie de quelques-uns de ses moines, fut retenu par un seigneur nommé Gauthier Tirell qui lui offrit l'hospitalité. Avant le dîner il s'excusait de ce que, n'ayant pas de poisson, il ne pourrait pas traiter ses hôtes aussi bien qu'il l'aurait désiré. Eh quoi! lui dit Anselme, voici qu'on vous apporte un esturgeon et vous vous plaignez de n'avoir pas de mets assez recherchés ! Gauthier sourit : il prenait ces paroles pour une plaisanterie. Mais on vit entrer deux hommes qui apportaient un grand esturgeon. C'étaient des bergers, dirent-ils, qui l'avaient trouvé sur les bords de la rivière d'Authie.

Ces faits se passaient de 1063 à 1066. C'est en 1063 qu'Anselme avait été nommé prieur. Trois ans plus tard, le 27 septembre 1066, le duc de Normandie Guillaume le Bâtard s'embarquait au port de Saint-Valery avec quatre cents navires et mille bateaux pour conquérir l'Angleterre. Quinze jours après la victoire l'avait élu roi de la Grande-Bretagne. Harold, successeur d'Édouard, avait trouvé la mort à la bataille de Hastings : désormais, de saxonne l'Angleterre allait, sous le sceptre du conquérant, devenir peu à peu normande. Cet événement devait avoir plus tard la plus grande influence sur les destinées d'Anselme.

CHAPITRE X

Anselme compose des *Méditations* et des *Prières* dans
lesquelles il se peint lui-même.

Pendant une nuit, Riculfe, ce moine dont on a
déjà parlé, allait réveiller les religieux pour l'office de Matines lorsqu'en passant devant la salle
du chapitre il aperçut Anselme priant debout et
sur sa tête un globe de feu qui l'enveloppait de sa
lumière. Troublé à la vue de ce prodige il ne peut
tout d'abord en croire ses yeux : non, ce n'est pas
Anselme ! Anselme est au dortoir ! Il ne peut être
là, en prière, à cette heure ! Riculfe court au dortoir et va droit au lit du prieur. Ne l'y trouvant
point il retourne précipitamment à la salle du chapitre ; il aperçoit de nouveau Anselme en prière,
mais le globe de feu avait disparu.

Que se passait-il donc entre Dieu et cette grande
âme dans ces sublimes contemplations ? C'est le
secret du ciel. Cependant Dieu n'a pas voulu nous
le dérober entièrement. Il a permis qu'Anselme
lui-même, sans presque s'en douter, nous fît sur ce
point les plus précieuses révélations. Vaincu par les

instances de ses frères, le saint prieur composa des *Méditations* et des *Prières*. Ces méditations et ces prières, au fond, ce sont ses propres méditations et ses propres prières. Il y épanche son âme, on le sent. Les flots d'amour qui débordent de son cœur se répandent dans ses écrits, et y produisent ce merveilleux langage qui coule tantôt ardent comme une lave, tantôt doux comme le miel, cette intarissable fécondité d'expressions, cette exubérance de vie, ces cris d'enthousiasme et ces chants extatiques dont ils surabondent. Le style en est transparent. Quand on lit avec recueillement ces méditations d'Anselme, l'écrivain disparait : on ne voit plus que le saint. Mais on le voit. On le voit tel qu'il est, avec son dégoût de lui-même, sa passion pour tout ce qui est élevé, sa pureté angélique, son immense repentir de ses fautes, sa générosité dans le sacrifice, et par-dessus tout son ardeur et sa tendresse dans l'amour. Il est là, il vous parle, ou plutôt il parle à Dieu et vous l'entendez.

Si l'on veut bien connaître saint Anselme, il faut lire ses *Méditations* et ses *Prières*. C'est l'avis d'Eadmer : « Quant aux méditations d'Anselme, je « n'ai rien à en dire ; chacun peut voir dans les « prières qu'il a composées pour répondre aux dé- « sirs de ses amis, avec quelle application, avec « quelle crainte, avec quelle espérance, avec quel « amour, il parlait à Dieu et à ses saints, et ap- « prenait aux autres à leur parler. Que quelqu'un « veuille seulement s'appliquer à les lire avec

« dévotion, et j'espère qu'il y puisera de précieux
« sentiments, et qu'il y trouvera avec joie un
« aliment à son avancement spirituel (1). »

C'est là en effet un des caractères de ces méditations (2). Elles sont embaumées d'un parfum cé-
leste, pleines d'onction, et de je ne sais quelle
chaleur douce et pénétrante qui gagne insensible-
ment le lecteur.

Ces pieux écrits ne furent d'abord que quelques
pages communiquées à un cercle d'intimes privi-
légiés. Car ce n'était qu'à regret et avec une sainte
pudeur qu'Anselme livrait ainsi son âme à ses
amis, mais il ne sut jamais rien refuser à ceux
qui faisaient appel à la tendresse de son cœur.
« Un de mes frères en religion, écrivait-il à son ami
« Gondulfe, m'a prié, non pas seulement une fois,
« mais à une foule de reprises, de composer une
« grande prière à la sainte Vierge. Pendant qu'il
« était là présent pour me solliciter extérieure-
« ment, vous qui étiez absent vous me persuadiez
« intérieurement. Je savais bien que, si je compo-
« sais cette prière, elle serait aussi pour vous :

1. *Vit. S. Ans.*, lib. I.
2. Il nous arrivera quelquefois, comme ici par exemple, de
désigner sous le terme général de méditation toutes les for-
mules de prières composées par saint Anselme. Les unes, au
nombre de vingt et une, portent le nom de *Méditations* : ce
sont des considérations sur quelques unes des grandes vérités
de la foi. Les autres sont intitulées *Oraisons* ou *Prière Ora-
tiones* ; ce sont des élévations de l'âme vers la sainte Trinité,
vers le Saint-Esprit, vers Dieu le Père, vers Notre-Seigneur,
vers la sainte Vierge, et vers quelque saint : on en compte
soixante et onze.

« aussi me suis-je rendu plus facilement aux dé-
« sirs qui m'étaient exprimés (1). »

On aime à voir un saint au cœur délicat consacrer ainsi à l'amitié les prémices de son génie.

De pieuses indiscrétions firent peu à peu trans-
pirer dans le public monastique ces pages destinées à l'intimité. A peine connues, elles furent
demandées partout : on en fit circuler des copies
dans tous les monastères non-seulement de Normandie, mais de France et d'Angleterre. On ne se
lassait pas de lire et de relire, de savourer ces
conversations à la fois si simples et si élevées
d'une belle âme avec elle-même et avec Dieu ; et
en les lisant on se prenait à aimer le saint qui les
avait écrites, et qui s'y était peint lui-même, sans
le vouloir (2).

Du fond de l'Auvergne, Durand, abbé de la
Chaise-Dieu, qui fut plus tard évêque de Clermont,
lui écrivait au nom de tous ses religieux :

« Plusieurs personnes ont versé dans nos oreilles le
« baume suave de votre nom et de votre piété. Puis
« la méditation qui commence par ces mots : *Terret*
« *me vita mea* et d'autres pieux écrits émanés de
« vos sentiments de contrition et composés sous
« l'inspiration de votre cœur touché de repentir
« nous permettent de lire vos larmes (pias præs-

---

1. Lib. I, ép. xx.
2. Les *Méditations* et les *Prières* ne furent pas toutes composées pendant qu'Anselme était prieur. Plusieurs se rapportent à une époque plus avancée de sa vie.

« tant nobis tuas lacrymas legere) et font couler
« les nôtres. Nous sommes également étonnés de
« trouver dans votre cœur une rosée de béné-
« dictions si abondante et de la sentir s'infiltrer
« dans les nôtres, comme un ruisseau qui coule
« sans murmure. En vérité c'est là ce qui arrive.
« La piété de votre oraison écrite excite en nous
« la piété de notre componction endormie. Aussi
« éprouvons-nous une joie et une sorte de tres-
« saillement intérieur qui nous font aimer ces
« sentiments en vous ou plutôt qui nous font
« vous aimer vous-même, à cause de ces senti-
« ments, et plus qu'eux, mais grâce à eux, Dieu
« et vous.

« Servez-nous donc d'intercesseur, puisque vous
« le pouvez, tandis que nous intercéderons nous-
« mêmes pour vous, autant que nous le pouvons.
« Si vous avez composé quelques autres écrits que
« nous n'ayons pas, faites-les nous parvenir (1). »

L'humble prieur ne put entendre sans un secret
effroi ces premiers échos de la renommée qui lui
rapportaient le bruit de son nom. Ces louanges
l'affligèrent plus que n'auraient pu le faire les
reproches les plus vifs. Il répondit à l'abbé de la
Chaise-Dieu :

« Quand j'ai reçu la lettre de Votre Paternité,

____

1. I, 61. La date exacte de cette lettre n'est pas connue. On
sait seulement que Durand fut abbé de la Chaise-Dieu de
l'année 1068 à l'année 1078, époque où il fut nommé évêque
de Clermont. C'est dans l'intervalle de ces dix années qu'il
écrivit à Anselme.

« une grande joie s'est répandue dans mon cœur.

« Mais quand j'ai jeté les yeux sur ma vie, non-
« seulement cette joie s'est évanouie presque tout
« entière, mais encore un chagrin bien juste s'est
« violemment emparé de moi. En effet, quand j'ai
« vu que vous aimiez un homme chétif et inconnu
« (ignotum homunculum) comme moi, au point
« de le visiter et de le saluer de si loin par une
« lettre, ma bassesse a cru à bon droit devoir s'en
« réjouir. Mais quand je considère que, si vous
« me portez quelque affection, c'est parce que vous
« me croyez quelque chose, tandis que je ne suis
« rien, je comprends que vous aimez non pas une
« personne vile et méprisable aux yeux des hommes,
« et c'est ce que je suis ; vous aimez un homme de
« courage et de vertu, et c'est ce que je ne suis
« pas. Je crains donc que votre affection ne me
« serve à rien, ou du moins à peu de chose, parce
« que je ne suis pas ce que vous aimez. Je crains
« en même temps de recevoir un grand préjudice
« de ma tiédeur que vous ne connaissez pas. Donc
« je vous en prie, je vous en conjure, ne m'estimez
« pas, ne m'aimez pas comme un homme qui au-
« rait déjà fait quelques progrès dans la vie spiri-
« tuelle, mais aimez-moi pour que je devienne
« tel, et aidez-moi par vos prières à y parve-
« nir (1). »

Cependant les éloges que les moines de la

1. I, 62.

Chaise-Dieu décernaient aux *Méditations* et aux *Prières* n'avaient rien d'excessif, et la postérité les a confirmés. Aujourd'hui, comme il y a huit siècles, quand on les lit avec la pieuse attention que demande Eadmer (sit modo qui eis pie intendat), on y retrouve la trace encore toute chaude de ces larmes d'amour répandues par un saint, au milieu du silence des nuits, dans la solitude du cloître (1).

Mais ces pieux écrits d'Anselme si propres à favoriser les progrès dans la vie spirituelle sont surtout précieux pour le biographe. On y trouve en quelque sorte, pour nous servir d'une comparaison empruntée à la science moderne, la photographie de l'âme de notre saint. Il semble vraiment que, pareil à ce rayon émané du soleil des corps, qui dépose sur le verre l'image d'une figure de chair, un rayon tombé du divin soleil des âmes ait marqué sur ces pages si délicates et si pures l'empreinte et la physionomie d'une âme.

---

1. Les *Méditations* et les *Prières* ont eu des éditions presque innombrables. Elles ont été traduites dans un grand nombre de langues. On nous saura gré de citer ici deux traductions modernes, l'une en français, l'autre en anglais.

Méditations de saint Anselme, traduites par H. Denain. Paris (1848).

Méditations of saint Anselm. A new translation by M. R. with a preface by His Grace the Archbishop of Westminster. London. Burns (1873).

CHAPITRE XI

« Venez, soyez à moi, ô Dieu que j'aime, que je
« chéris, que je bénis de cœur et de bouche, que je
« loue, que j'adore ! Mon âme s'attache à vous, elle
« brûle de votre amour ; elle ne respire que pour
« vous ; elle aspire à vous posséder. Elle ne désire
« que vous seul ; elle ne trouve de douceur qu'en
« vous ; elle ne veut s'entretenir que de vous, n'en-
« tendre parler que de vous, n'écrire que sur vous,
« ne traiter que de vous (1) ! »

On vient d'entendre un des soupirs enflammés
qui s'échappaient du cœur de notre saint dans ses
contemplations. Le Dieu qu'il aime ainsi de toutes
les puissances de son âme c'est le Dieu fait homme,
le Seigneur Jésus. Sa nature tendre l'incline à dé-
poser en quelque sorte sur l'humanité adorable de
Notre-Seigneur et à laisser tomber comme des
larmes sur ses pieds sacrés, les sentiments les plus
purs de son amour pour Dieu. « Je ne sais, dit-il

1. *Médit.* XIV.

« au bon Maître, je ne sais comment il se fait que
« pour ceux qui vous aiment vous êtes plus doux
« en tant que vous vous êtes fait chair qu'en tant
« que vous êtes le Verbe (1). »

L'amour du Verbe incarné absorbe tout son être.
Ne lui demandez pas ce qu'il étudie, ce qu'il contemple, ce qu'il espère, ce qu'il désire ; il n'étudie,
il ne contemple, il n'espère, il ne désire qu'une
seule chose, Notre-Seigneur ! Mais il le désire avec
transport, avec passion. « O Jésus, mon âme aspire
« à contempler votre beauté ; elle brûle de vous
« entendre. O le désiré de mon cœur, jusqu'à quand
« supporterai-je votre absence ? Jusqu'à quand
« gémirai-je ? Jusqu'à quand pleurerai-je de ne
« point jouir de vous ? Mais où habitez-vous donc,
« ô mon aimable Maître ? Où est donc ce palais où
« plein de joie et entouré de vos meilleurs amis
« vous les rassasiez de votre gloire ?..... Il m'arrive
« de loin comme un parfum de votre suavité, par-
« fum plus doux que ceux du baume, de l'encens
« et de la myrrhe et que tous les arômes les plus
« délicieux. Il excite en moi des ardeurs pures,
« mais enfin des ardeurs qui me dévorent. Elles

1. *Médit.* XII. Saint Thomas nous donne la raison de cet
attrait qui a sa racine dans notre nature : Ea quæ sunt divini-
tatis sunt secundum se maxime excitantia dilectionem, quia
Deus est super omnia diligendus. Sed ex debilitate mentis
humanæ est quod, sicut indiget manuductione ad cognitionem
divinarum, ita ad dilectionem per aliqua sensibilia nobis nota;
inter quæ præcipuum est humanitas Christi, secundum quod in
Præfatione dicitur : « Ut dum visibiliter Deum cognoscimus
« per hunc in invisibilium amorem rapiamur. » 2ª 2ᵉ qu.
LXXII, art. III., ad 2ᵘᵐ.

« sont douces et pourtant c'est à peine si je puis
« les supporter. Et qu'y a-t-il pour moi dans le
« ciel ? N'est-ce pas le Christ mon Maître (1) ? »

Quelque part qu'il regarde, il ne voit plus que
Notre-Seigneur. Le monde a disparu pour lui, ou
plutôt il ne l'aperçoit plus qu'à travers Notre-Seigneur, en Notre-Seigneur. Dans ses oraisons, sur
quelque sujet qu'il médite, il se sent aussitôt
comme instinctivement ramené à la pensée de
Notre-Seignenr. Il ne peut détacher ses regards
de cette ravissante figure du Dieu fait homme.
Et il ne peut le regarder sans jeter des cris
d'amour. « Vous le savez, ô Seigueur Jésus,
« vous le savez, je vous aime plus que la terre en-
« tière et tout ce qu'elle renferme, plus que le ciel
« et tout ce qui est dans le ciel. Je vous aime plus
« que le ciel et la terre et tout ce qu'ils contien-
« nent. Que dis-je ? Le ciel et la terre passeront et
« l'on ne doit les aimer que pour l'amour de vous
« seul ! Oui je vous aime, ô mon Dieu ! Je vous
« aime d'un grand amour, et je désire vous aimer
« davantage encore. Ah ! donnez-moi de vous aimer
« toujours, de vous aimer autant que je le désire,
« autant que je le dois, de manière que vous soyez
« seul le but et le centre de tous mes désirs, de
« toutes mes pensées ! Que je pense à vous pen-
« dant le jour, sans aucune interruption ! Que je
« vous goûte pendant le sommeil de la nuit ! Que

____

1. *Médit.* XIII. De Christo.

« mon esprit vous parle ! Que mon âme converse
« avec vous (1) ! »

Pour notre saint ce Dieu fait homme n'est point
un Dieu abstrait, un Dieu retiré dans le lointain
des espaces infinis. Non. C'est un Dieu vivant,
comme il aime à l'appeler ; c'est surtout un Dieu
présent. C'est un ami intime dont les beautés invisibles deviennent pour lui transparentes, et dont la
présence semble le saisir et l'envelopper comme
d'un manteau. Il sent que son Jésus est là. Par la
pensée ou plutôt par la foi il le voit, il le touche, il
l'étreint, le couvre de ses baisers, le presse sur son
cœur, respire le parfum qui s'exhale de sa personne divine, recueille avec respect les paroles qui
tombent de ses lèvres sacrées, et s'enivre du bonheur de le contempler et de l'aimer.

Mais dans Anselme, comme dans toutes les âmes
à la fois fortes et tendres, l'amour du Verbe incarné s'adressait surtout au Sauveur souffrant et
mourant pour le salut des hommes. Le voici qui
médite et qui prie tout haut aux pieds du crucifix.
Écoutons un instant.

« Jésus est doux quand il incline sa tête pour
« mourir ; il est doux quand il étend ses bras ; il
« est doux quand il laisse ouvrir son côté, car
« cette ouverture sacrée nous a révélé les richesses
« de sa bonté et l'amour de son cœur pour nous...
« O bon Jésus, vous êtes doux à mes lèvres, doux

1. *Orat.* XVII. Ad Christum.

« à mon cœur, doux à mes oreilles !... Je ne
« cherche que vous ! Quand même aucune récom-
« pense ne me serait promise, quand même l'enfer
« et le paradis n'existeraient pas, néanmoins, à
« cause de votre douce bonté, je voudrais m'atta-
« cher à vous pour vous-mêmes (1) ! »

C'est sur le Calvaire, sur la croix, que le saint
étudiait de préférence le cœur de Jésus. C'est dans
ce cœur du Sauveur souffrant et mourant pour nous
qu'il puisait sa charité séraphique (2). Ce spectacle
d'un Dieu souffrant et mourant, sa foi le lui rend
constamment présent. Il ne se le rappelle pas ; il
le voit. « Eh quoi ! ô mon Jésus, s'écrie-t-il, vous
« êtes là crucifié devant mes yeux, et nulle émo-
« tion ne viendrait toucher mon cœur (3) ! »

1. *Médit.* X.
2. Parmi ses *Prières* cinq s'adressent à la Croix. Elles sont
fort belles.
3. *Médit.* XII. Saint Anselme possédait à un rare
degré le don précieux qu'on pourrait appeler le don de *réalisation*. Le célèbre docteur Newman a parfaitement analysé ce
don ou cette faculté qui nous aide à nous représenter les choses invisibles et éloignées comme si elles étaient visibles et
présentes. On peut consulter à ce sujet son ouvrage : *An essay
in aid of a Grammar of assent*, principalement le chapitre IV
de la première partie. Les *Méditations de saint Anselme*
offrent un exemple très-frappant de ce que le Père Newman
appelle « *real assents* ».
La grâce perfectionne en nous ce don de *réalisation* et nous
le fait appliquer aux choses de Dieu. Il est un des caractères
du catholicisme, tandis que la tendance opposée est un des
caractères de la Réforme Cette tendance à se contenter
de ce que le Père Newman appelle « *notional assents* »
est un des obstacles les plus capables d'empêcher les
protestants de comprendre et d'accepter nos dogmes et nos
pratiques, et en particulier le culte de la sainte Vierge. On
voit par là qu'il n'est ni sans intérêt ni sans utilité de mettre
en relief ce côté de la vie intime de notre saint par où il nous
apparaît si profondément catholique.

Anselme, nous l'avons déjà vu, avait toujours conservé, même au milieu des égarements de sa jeunesse, une tendre dévotion envers la sainte Vierge. Mais après sa conversion son amour pour Marie ne connut plus de bornes, car il ne le séparait pas dans son cœur de son ardent amour pour Jésus. « Vous, « Seigneur Jésus, vous êtes notre grand frère; et « vous, ô Marie, vous êtes notre excellente mère. Vous « êtes bon, ô Jésus ! Vous êtes bonne, ô Marie ! Vous « êtes doux, ô Jésus ! Vous êtes douce, ô Marie ! « Embrasez mon âme de votre amour ! Que mon « cœur languisse, à force de vous aimer ! Que mes « os se liquéfient, que ma chair tombe en défaillance « au feu de votre amour ! Ah ! puissent les entrailles « de mon âme être embrasées de ce feu divin au « point que les entrailles de ma chair en soient « consumées ! Puisse la douceur de votre amour « pénétrer la moelle la plus intime de mon esprit, au « point de dessécher la moelle de mon corps (1). »

Saint Anselme est assurément un des saints qui ont le plus aimé la sainte Vierge. Avec quel enthousiasme il exalte ses grandeurs ! « Rien n'est « égal à Marie : rien, excepté Dieu, n'est plus « grand que Marie, Dieu a donné pour fils à Marie « son propre fils, égal à lui, né de son cœur et qu'il « aime comme soi-même. Toute la nature a été « créée par Dieu et Dieu est né de Marie, Dieu a « tout créé et Marie a enfanté Dieu (2) !... »

1. *Orat.* LI. Ad. S. Vag. Mariam.
2. Ibid.

Avec quelle confiance il l'invoque ! « Des milliers
« de millions d'hommes crient vers vous, ô reine
« miséricordieuse, et tous sont exaucés, et moi
« je ne serais pas secouru (1) ! »

Mais pour Anselme, Marie n'est pas une reine :
c'est une mère. « La mère de Dieu est notre mère !
« s'écrie-t-il. La mère de Celui en qui seul nous
« espérons et que seul nous craignons est notre
« mère ! La mère de Celui qui seul nous sauve et
« seul nous damne est notre mère (2) ! »

Ces sentiments et ces dévotions du saint iront en
grandissant, et, comme ces astres voilés qui bordent les nuages de franges empourprées, ils illu-
mineront sa vie extérieure de reflets de plus en
plus splendides. En ce moment nous assistons à
leur aurore. Le soleil est beau dans tout son éclat,
au milieu du jour, mais les premières lueurs de
l'aube ont quelque chose de plus gracieux et de
plus doux.

1. *Orat.* XLV.
2. *Orat.* LI. L'Église rend à saint Anselme, dans l'office de
sa fête, le témoignage qu'il fut remarquable par une dévotion
insigne à la Passion de Notre-Seigneur et à la sainte Vierge.
*Præcipue ob insignem devotionem erga Domini nostri Passio-
nem et beatam Virginem ejus Matrem.*

CHAPITRE XII

Saint Anselme professeur. — Mouvement intellectuel du
xiᵉ siècle; ses nombreuses écoles. — L'école du Bec.

Anselme avait remplacé Lanfranc dans sa chaire.
Aussi ne se bornait-il pas à prier et à composer
de pieuses méditations ; il se livrait aux travaux
de l'étude et de l'enseignement avec une ardeur
et un succès tels que par sa parole et par ses écrits
il arriva bientôt à diriger le mouvement intellectuel de son siècle.

Le xiᵉ siècle fut un siècle de restauration intellectuelle. Cette restauration avait été préparée par
le siècle précédent. Le xᵉ siècle en effet, quoique
moins éclairé que le xiᵉ, n'avait pourtant pas été
sans lumière. Les lettres et les sciences y complè-
rent des représentants qui méritèrent de léguer
leurs noms à la postérité. Qui ne connaît par
exemple le savant Gerbert qui venait de s'éteindre
sur le trône pontifical (1003) ? Reims l'avait entendu enseigner la philosophie, la rhétorique, les
mathématiques, la poésie et la musique à une foule
innombrable de disciples parmi lesquels il faut
mettre en première ligne les empereurs Othon I et

Othon II, et le roi Robert que son savoir fit sur-
nommer le Clerc. Léothéric archevêque de Sens,
Fulbert évêque de Chartres, Abbon abbé de Fleury,
recueillirent également les leçons de cet illustre
maître, s'appliquèrent à les transmettre à d'autres
et devinrent eux-mêmes, au xi° siècle, des professeurs distingués. Le mouvement était donné. De
toute part, en France, en Allemagne, en Italie, en
Espagne, en Angleterre, on vit surgir des maîtres
et s'ouvrir des écoles (1).

Il serait intéressant et instructif mais trop long
de citer ici le nom de toutes les écoles de l'Europe.
Bornons-nous à rappeler quelques-unes de celles
établies dans les pays qui forment aujourd'hui la
France.

L'école de Paris, rendue célèbre par la réputation
de ses maîtres, était le rendez-vous de nombreux
étrangers ; elle eut la gloire de former saint
Stanislas évêque de Cracovie, saint Adalbéron

---

1. Les femmes elles-mêmes suivaient ce mouvement intellectuel. Helvide, issue des ducs de Lorraine et mère du pape
saint Léon IX, possédait aussi parfaitement la langue latine
que sa langue maternelle. Mathilde, fille de Baudoin V comte
de Flandre et femme de Guillaume le Conquérant, était remarquable par ses connaissances littéraires. Elle devint mère
de deux princesses qui acquirent également la réputation de
savantes. L'une, Cécile, abbesse du monastère de la Trinité,
à Caen, était instruite dans les sciences divines et humaines
(multipliciter eruditæ). L'autre, Adèle, se distinguait par son
goût pour l'histoire et la poésie. Agnès, fille de Guillaume V,
comte de Poitiers et duc d'Aquitaine, qui épousa l'empereur
Henry le Noir, passait aussi pour une princesse versée dans
les sciences de son temps. Mathilde, épouse de Henry Beau-
clerc, brillait par une culture intellectuelle vraiment remarquable.

évêque de Wirtzbourg, saint Gebehard évêque de Salzbourg, saint Altmanne évêque de Passau.

L'école de Cluny, d'où sortirent les plus grands personnages de cette époque, tels que les papes saint Grégoire VII, Victor III, Urbain II, Pascal II, était plus fameuse encore.

Saint Hugues qui fut abbé de Cluny avait étudié à l'école de Châlon-sur-Saône.

L'école d'Autun comptait parmi ses nombreux élèves le savant Halinard, archevêque de Lyon.

Toutes ces écoles avaient leurs gloires. Nous ne saurions les redire toutes : nommons rapidement les écoles de Reims, de Lyon, de Dijon, d'Angoulême, d'Angers, d'Arras, de Laon, de Besançon, de Langres, d'Auxerre, de Beauvais, de Cambrai, de la Chaise-Dieu, de Saint-Évroult, de Limoges, du Mans, de Périgueux, de Sens, de Saint-Ouen à Rouen, de Saint-Hilaire à Carcassonne, de Saint-Victor à Marseille (1).

Mais au milieu de cette brillante pléiade des écoles du xiᵉ siècle l'école du Bec occupe sans contredit le premier rang et éclipse toutes les autres. Sa réputation commencée par Lanfranc fut portée à son comble par saint Anselme. « *De toutes les*
« *écoles non-seulement de la Normandie, mais*
« *encore de la France entière*, disent les bénédic-
« tins de la congrégation de Saint-Maur, dans

---

1. On pourrait même citer des villes telles que Caen et Orléans qui possédaient plusieurs écoles.

« l'Histoire littéraire de la France (1), *il n'y en*
« *eut point alors de plus savante, ni de plus*
« *célèbre tout ensemble que celle de l'abbaye du*
« *Bec.* »

Le Bec était, suivant l'expression d'un auteur
contemporain (2), « un grand et fameux gymnase
littéraire. *Beccum magnum et famosum littera-*
turæ gymnasium.

Nous avons déjà nommé parmi les élèves du Bec
le pape Alexandre II, Yves de Chartres, Guitmond
évêque d'Aversa. Mais combien d'autres noms à
citer à leur suite : Guillaume Bonne-Ame archevêque de Rouen, Foulques évêque de Beauvais,
Gondulfe et Ernost qui furent l'un et l'autre évêques de Rochester en Angleterre, Ernulfe d'abord
prieur de Cantorbéry puis successeur d'Ernost sur
le siége de Rochester, Jean qui devint évêque de
Tusculum en Italie et l'un des légats du pape
Pascal II, Gilbert Crispin abbé de Westminster et
biographe d'Herluin, Roger abbé de Lessai, Guillaume de Cormeille qui devint l'ami intime de
Lanfranc, Henry d'abord prieur de Cantorbéry
puis abbé de Bataille, Richard, issu du sang royal,
abbé d'Ely, Paul abbé de Saint-Alban en Angleterre, Willerand écolâtre de l'église de Bamberg,
puis moine de Fulde, et enfin abbé de Saint-Pierre
de Mersbourg en Saxe, auteur d'un commentaire

____

1. C'est dans ce précieux ouvrage que nous avons trouvé en
grande partie les matériaux de ce chapitre.
2. Guitmond. — *De Eucharistia.*

sur le Cantique des cantiques, Guibert abbé de Nogent, l'un des plus judicieux écrivains de son siècle, Milon Crispin biographe de Lanfranc, enfin le poëte Roger de Caen !

Aride énumération assurément si elle n'offrait à nos regards les plus beaux fleurons de la couronne du Bec.

Plusieurs des hommes distingués que nous venons de nommer furent formés par Anselme. Mais combien d'autres intelligences d'élites et de grands cœurs reçurent également l'empreinte de ses pieuses et doctes leçons !

A la fin du xi⁰ siècle et au commencement du xii⁰, dans les écoles, dans les monastères, dans les châteaux même, la plupart des hommes versés dans les lettres et les sciences regardaient comme un des plus grands bonheurs de leur vie d'avoir entendu le grand maître.

CHAPITRE VIII

Ce qu'on enseignait à l'école du Bec. — Science de saint Anselme. — Développement simultané de son génie et de sa sainteté.

On n'aurait qu'une bien vague idée de l'école du Bec si l'on ne connaissait l'objet de son enseignement.

L'enseignement, il faut se le rappeler tout d'abord, n'était pas alors réglé par un programme officiel, comme il l'est aujourd'hui. Il jouissait sous tous les rapports d'une liberté pleine et entière. Chaque maître insistait davantage sur la science dans laquelle il excellait lui-même, et le plus souvent il était nécessaire de fréquenter plusieurs écoles pour arriver à une instruction complète.

Cependant certains traits généraux caractérisent l'enseignement de toutes les grandes écoles de cette époque (1).

L'objet le plus ordinaire des études était le *Trivium* et le *Quadrivium* (2).

1. Plusieurs des écoles que nous avons nommées ne donnaient qu'un enseignement élémentaire.

2. Les Beaux-Arts commençaient à être en honneur. Le goût de l'architecture se répandait. L'invention du moine Gui d'Arezzo avait fait faire à la musique de rapides progrès.

Le *Trivium* comprenait la grammaire, la rhétorique et la dialectique. Seulement la grammaire, elle que l'entendait le moyen âge, embrassait toute la littérature. « La grammaire, avait dit « Raban Maur, est la science d'interpréter les poëtes « et les historiens, et le moyen de bien parler et « de bien écrire. » C'est ainsi qu'on la considérait au xiᵉ siècle.

Le *Quadrivium* comprenait l'arithmétique, la géométrie, l'astronomie et la musique.

Le *Trivium* et le *Quadrivium* formaient ce qu'on était convenu d'appeler les sept arts libéraux.

Le moyen âge, on le sait assez, ne possédait sur les sciences mathématiques et physiques que des notions fort élémentaires et souvent très-inexactes. L'histoire et la géographie n'étaient point étudiées avec autant d'ardeur qu'aujourd'hui (1). Mais en revanche l'étude des langues et des littératures anciennes était en grand honneur. On put constater dès le commencement du xiᵉ siècle un retour bien marqué vers la belle littérature de Rome. Plusieurs écrivains cultivèrent la poésie avec succès

---

1. Il ne faudrait cependant pas croire que les études historiques et géographiques fussent négligées. En ce qui touche à l'histoire, la preuve qu'elle était cultivée est dans les ouvrages importants qui datent de cette époque. Quant à la géographie, nous souscrivons sans peine à cette observation de l'auteur anonyme d'un remarquable article des *Etudes* des PP. Jésuites : « Plus l'on pénètre dans l'étude du moyen âge, plus on est « frappé de l'activité intellectuelle qui régnait à cette époque, « même dans les branches de la science qu'on croyait les plus « négligées. Ainsi en est-il de la géographie. »
Des rapports du catholicisme et de la géographie. (Avril 1876.)

dans la langue de Virgile et d'Horace. Saint Anselme, entre autres, composa plusieurs hymnes qui sont loin d'être sans mérite. Son *Poëme sur le mépris du monde* lui assure le premier rang parmi tous les poëtes latins de cette époque (1). Il est écrit tout entier de verve et d'inspiration. La passion y éclate en des vers pleins de vigueur et d'énergie. La diction, quoiqu'elle ne soit pas irréprochable, se distingue par une élégance et une pureté qu'on ne s'attendrait pas à retrouver au milieu du xie siècle. Le plan laisse à désirer : le manque d'ordre et des redites indiquent que ces vers n'ont pas été composés d'un seul jet. Mais ils jaillissent tous d'une inspiration parfaitement une, celle qu'exprime le cri par lequel le saint termine son chant : Dieu seul ! Les quelques défauts de ce poëme sont surabondamment compensés par la beauté des images, par l'abondance et la

1. Carmen de contempta mundi. — Il comprend plus de quatre cents distiques. Il n'est pas absolument certain que ce poème soit de saint Anselme. Cependant Gerberon n'hésite pas, dans son édition des *Œuvres de saint Anselme*, tout en reconnaissant que son authenticité est douteuse, à le placer parmi les écrits du saint docteur. Ce poème est certainement l'œuvre d'un moine du moyen âge qui a vu le monde de près, et qui, non content de le mépriser, le hait avec passion; d'un moine à l'âme tendre et ardente, enflammé de zèle pour la perfection monastique, un véritable apôtre de la vie du cloître. détaché de tout et n'aimant plus que Dieu, mais l'aimant d'un amour immense, enfin d'un moine tout particulièrement versé dans la littérature latine et surpassant sur ce rapport tous les esprits de son temps Selon le sentiment le plus probable et le plus commun, ce moine est saint Anselme. Suivant toute apparence, ces vers composés par le saint, à diverses reprises, dans les rares loisirs que lui laissaient ses immenses occupations, ne furent connus du public qu'après sa mort.

solidité des pensées, et par l'éloquence passionnée qui les exprime. Richesses, honneurs, grandeur, puissance, noblesse, plaisir, santé, force du corps, science, le saint poëte démolit tout, renverse tout, met tout à néant, puis debout sur ces ruines, il s'écrie transporté d'enthousiasme : « *Vous seul, ô mon Dieu ! Vous seul, et c'est assez !* »

      Te mihi, te solum da, Deus, et satis est !

Il se surpasse lui-même quand il peint la vanité de la femme, ses ruses, ses perfides attraits, les dangers de son commerce. Il n'est plus seulement incisif et pressant ; il devient terrible. On sent qu'il tremble et il fait trembler.

Mais le caractère le plus saillant de l'enseignement des écoles du xie siècle et de tout le moyen âge, c'est la prédominance de la philosophie et de la théologie. On comprenait alors que ces grandes études sont les plus propres à développer l'intelligence et à former l'homme et le chrétien. Religieux, prêtre séculier, laïque, quiconque voulait sérieusement s'instruire s'appliquait principalement à ces deux sciences alors universellement reconnues comme les premières de toutes.

Ceux qui se destinaient au sacerdoce étudiaient en outre les saints Pères, la liturgie, le droit canonique et par-dessus tout l'Écriture sainte. Aucune branche des sciences ecclésiastiques n'était négligée (1).

1. Habitués que nous sommes en France, dit le savant abbé

On peut déjà juger par cette rapide esquisse de ce que devait être l'enseignement du Bec. Lanfranc s'était proposé d'y faire fleurir la belle littérature latine pour laquelle il avait un goût prononcé. Ses contemporains lui ont décerné à cet égard les éloges les plus flatteurs et les mieux mérités. Mais il fut encore surpassé, même sur ce point, par son disciple et son successeur. Sans atteindre à la perfection du siècle d'Auguste, et sans être entièrement exempt des défauts de son époque, saint Anselme mérite cependant d'être compté parmi les bons écrivains de la langue latine.

Le saint professeur du Bec attachait une grande importance aux études grammaticales. « Je vous « engage fort, écrivait-il à un de ses élèves que « sa mauvaise santé l'avait obligé d'éloigner de « lui pendant quelque temps, je vous engage à « faire avec beaucoup de soin l'analyse gramma- « ticale de tout ce que votre maître vous fera lire, « et de tout ce que vous rencontrerez. Je vous « en prie et je vous le commande comme à mon

Rohrbacher, à qualifier de siècles d'ignorance et de ténèbres le xe et le xie siècle, nous serons bien étonnés d'apprendre qu'on y étudiait le droit canon, que des évêques en rédigeaient des cours complets tirés de l'Écriture, des Pères, des conciles, des décrets des Pontifes romains ; tandis que nous, au milieu du xixe siècle, dans beaucoup de nos séminaires, nous ne daignons pas en connaître le premier mot et que les plus savants s'arrêtent au manuel plus ou moins hétérodoxe de quelque avocat jurisconsulte. Cependant les saints évêques de Worms, de Lucques, de Sutri, ne sont pas les seuls qui, dans ces siècles beaucoup plus ignorés qu'ignorants, se soient occupés d'écrire des théologies canoniques. — *Histoire de l'Église.* Livre LXVI.

« fils bien-aimé, ces exercices dont vous croyez
« n'avoir plus besoin, n'ayez pas honte de vous
« y appliquer absolument comme si vous ne fai-
« siez que commencer (1). » Puis il lui recommande l'étude des auteurs païens, surtout de
Virgile, « à l'exception des passages qui renferme-
« raient quelque chose d'inconvenant, *exceptis his*
« *in quibus aliqua turpitudo sonat* ». Il avoue
dans cette même lettre qu'il a toujours éprouvé
de la répugnance à enseigner lui-même les éléments de la grammaire. Ses aptitudes et ses goûts
le portaient vers la philosophie et la théologie.

L'école du Bec était avant tout une école de
philosophie et de théologie : notre saint excellait
dans l'enseignement de ces sciences élevées. Néanmoins il n'y renfermait ni ses études, ni son enseignement. Il ne négligeait rien pour répandre le
goût de la belle littérature ; et sans s'astreindre à
enseigner par lui-même les principes de la langue
latine, il s'appliquait, en se faisant seconder par
des maîtres inférieurs, à rendre ses élèves capables
de lire et d'apprécier les chefs-d'œuvre que nous
ont légués les auteurs païens et ceux plus beaux
encore que nous devons aux Pères latins. Il les étudiait lui-même sans relâche, donnant la préférence
aux saints Pères et particulièrement à saint Augustin qu'il prit pour guide et pour maître. Versé dans
toutes les sciences ecclésiastiques, il se faisait un

1. I, 55.

plaisir et un devoir d'y initier ses disciples. On trouve dans ses ouvrages des dissertations sur plusieurs points de liturgie. Il tenait, nous le voyons par ses lettres, à ne rester étranger à aucune science. C'est ainsi qu'il prie un de ses élèves qui se trouve en Angleterre de lui copier d'abord le manuscrit des *Aphorismes d'Hippocrate*, puis, s'il en a le temps, un autre qui traite *Du pouls*, ouvrage de Galien probablement, et à la manière dont il parle de ces deux livres on voit qu'il les a déjà lus. Seulement il désirait en procurer des exemplaires à la bibliothèque de son monastère. Il avait la passion des manuscrits et de la correction dans les copies. Aussi est-ce avec une préoccupation visible qu'il recommande à son élève de « *s'appliquer par-dessus tout avec* « *le plus grand soin à transcrire correctement de* « *manière à ce que son travail puisse être appelé* « *parfait* (1). »

C'est ici le lieu de remarquer dans Anselme le développement simultané de la sainteté et du génie.

L'amour ou plutôt la passion de la vérité, la passion de la rechercher, de l'étudier, de la communiquer aux autres, de la défendre, sont un de ces traits caractéristiques de notre saint qui appartiennent en même temps à sa sainteté et à son gé-

---

1. I, 51. De utroque hoc præcipue moneo, ut quidquid feceris studiosissima exquisitione correctum, dignum sit dici perfectum.

nie. Pour lui la vérité est un rayon de Dieu : il aime la vérité comme il aime Dieu. Il étudie, il enseigne, il écrit comme il prie, comme il jeûne, comme il célèbre l'office divin, dans les mêmes intentions, avec la même ardeur. Chaque progrès qu'il fait dans la science est marqué par un progrès correspondant dans la perfection ; son génie suit toutes les phases de sa sainteté au point de s'identifier avec elle.

« Dès qu'Anselme eut été nommé prieur, dit son
« pieux biographe, il se dévoua tout entier au
« service de Dieu, et y consacra tout son temps. A
« partir de ce moment il bannit à tout jamais de
« sa pensée le siècle et toutes les affaires du siècle.
« Désormais tourné vers Dieu seul et plongé dans
« l'étude des sciences sacrées, il s'éleva jusqu'au
« sommet de la contemplation des choses divines.
« Il arriva à comprendre avec l'aide de Dieu, qui
« lui en ouvrait le secret, certaines questions des
« plus obscures sur la nature divine et sur la foi
« que personne n'avait comprises avant lui. Il
« s'appliqua ensuite à les éclaircir et à prouver par
« des raisons plausibles que sa manière de les ex-
« pliquer était vraie et orthodoxe.
« Il avait une très-grande foi dans les saintes
« Écritures. Il croyait de tout son cœur avec une
« inébranlable fermeté qu'il ne s'y trouvait rien
« dont on ne pût démontrer l'incontestable vérité.
« Aussi s'appliquait-il à mettre son intelligence
« d'accord avec sa foi et à saisir des vérités qui

« lui apparaissaient environnées de si épais nuages.
« Or il arriva qu'une nuit, un peu avant l'heure
« de Matines, il était dans son lit, ne dormant pas,
« mais s'occupant à sonder ces graves questions ;
« il tâchait de comprendre, à force de réfléchir, de
« quelle manière les prophètes avaient pu con-
« naître les choses passées et les choses futures
« comme si elles eussent été présentes, et les
« dire et les écrire avec une entière assurance. Il
« était plongé tout entier dans l'étude de ce pro-
« blème, et il brûlait de le résoudre quand tout à
« coup ses yeux se fixèrent, et, à travers les mu-
« railles du dortoir et celles de la chapelle, il vit
« les moines chargés de préparer l'office, aller et
« venir, circuler autour de l'autel, parcourir l'é-
« glise, allumer des cierges et préparer tout ce qui
« était nécessaire pour chanter Matines. A la fin l'un
« d'entre eux saisit la corde de la cloche et l'agita
« pour appeler les religieux au chœur, et ceux-ci
« quittèrent aussitôt leurs lits. Anselme fut émer-
« veillé de cette vision. Elle lui fit comprendre
« qu'il était bien facile à Dieu de montrer aux pro-
« phètes, dans la lumière du Saint-Esprit, les choses
« futures, puisqu'il lui avait donné à lui-même
« de voir de ses yeux de chair, à travers tant
« d'obstacles, ce qui se passait dans le monas-
« tère (1). »

Anselme puisait ainsi continuellement dans ses

1. Eadm. *Vit. S. Ans.*, lib. I.

contemplations des lumières surnaturelles qui lui frayaient le chemin de la science en même temps que celui de la vertu. Chez lui on chercherait en vain à distinguer l'étude de la prière : il étudie en priant, il prie en étudiant. Dans cette âme tournée tout entière vers les choses d'en haut, l'étude et la méditation s'épanouissent comme deux fleurs sur la même tige ou plutôt se confondent comme deux astres qui mêlent leurs rayons et ne forment plus qu'une seule et même lumière.

On comprend sans peine ce que devait être une école dirigée par un tel maître, et la renommée qu'elle s'est acquise dans l'histoire n'a rien qui doive surprendre. Mais ce qu'il faut bien savoir pour connaître la vie intime du cloître au xie siècle, c'est qu'un assez grand nombre d'autres écoles monastiques se rapprochaient plus ou moins de celle du Bec.

La plupart des écoles de ce temps étaient dans les monastères : là on trouvait, avec la tranquillité nécessaire aux études sérieuses, des maîtres également recommandables par la science et par la vertu.

Ces écoles des monastères étaient ouvertes à tous (1). Sous ce rapport elles ressemblaient assez à la plupart de nos petits séminaires. Mais plutôt

---

1. En général l'instruction donnée dans les monastères était entièrement gratuite. Sans doute il arrivait fréquemment que les étudiants ou leurs parents témoignaient leur reconnaissance par des dons volontaires. Mais rien n'était exigé. Au Bec en particulier l'instruction fut toujours gratuite. Il en était de même à Cluny. Bien plus, un certain nombre d'étudiants pauvres étaient entretenus aux frais du monastère.

encore elles étaient des *colléges catholiques*, dans toute la force et dans tout le sens du mot. Là des seigneurs qui se préparaient à manier l'épée luttaient avec de pieux rivaux couverts du froc ou aspirant à s'en revêtir ; de jeunes princes appelés à porter la couronne fraternisaient avec des clercs destinés à ceindre la tiare. Ces hommes différents d'âge, de condition, de caractère, d'éducation, mais unis par une même foi, venaient s'asseoir au pied d'une même chaire et recevaient d'un maître éminent, dans leur intelligence et dans leur cœur, un véritable cachet de *catholicité*.

L'école du Bec plus que toute autre présentait ce ravissant spectacle. Dès qu'il fut donné à Anselme de le contempler non plus comme élève, mais comme maître, il en fut vivement ému. Il sentit tout d'abord la grandeur de sa mission ; il comprit que du haut de sa chaire il pouvait exercer une salutaire influence sur son siècle, puisque ces jeunes gens réunis autour de lui reporteraient, en se dispersant, l'écho de sa parole sur tous les points de l'Europe. Aussi déploya-t-il dans cet apostolat de la science un zèle, un dévouement, une ardeur qui électrisèrent ses élèves. Son talent d'enseigner dépassa tout ce qu'on avait pu prévoir. En entendant cette parole simple et lumineuse qui éclaircissait les questions les plus difficiles et mettait au niveau de toutes les intelligences les vérités les plus élevées, les étudiants du Bec s'écrièrent tous d'une voix que Lanfranc était surpassé.

CHAPITRE XIV

La renommée du savant professeur grandissant tous les jours, il ne lui manqua bientôt plus qu'une gloire, celle d'attacher son nom à des ouvrages dignes de lui. Pourquoi n'employait-il pas son beau génie à réfuter les erreurs des ennemis de l'Église ? Pourquoi ne descendait-il pas dans la lice comme l'avaient fait Lanfranc et après lui son disciple le moine Guitmond qui l'un et l'autre, avaient vaillamment combattu par leurs écrits l'hérésie de Bérenger ? Plusieurs des amis du saint qui enviaient pour lui la gloire d'écrivain se posaient ces questions et parfois les lui adressaient à lui-même. Dans une de ses lettres, Anesgot, l'un d'entre eux, lui reprochait un jour doucement d'enfouir sa science.

Scire tuum nihil est, nisi te scire hoc sciat alter (1),

lui écrivait-il en détournant quelque peu de son

1. Ce vers est tiré de la satire première où Perse reproche à la littérature des règnes de Claude et de Néron de n'être plus qu'une affaire d'amour-propre. « A quoi bon s'instruire

sens le vers de Perse. Ce vers, le saint le prend, le transforme, et lui fait rendre un son parfaitement chrétien.

« Vous me dites, en citant Perse :

Scire tuum nihil est, nisi te scire hoc sciat alter,

« et moi je vous réponds :

Scire meum nihil est, si quale sit hoc, sciat alter (1).

« Vous me demandez, ajoute-t-il, avec une « grâce charmante, pourquoi la renommée de « Lanfranc et de Guitmond s'étend plus loin « que la mienne ; c'est qu'il est telle fleur qui « n'exhale point le parfum de la rose bien « qu'elle nous trompe par l'éclat des mêmes cou- « leurs (2). »

Mais ce que les conseils de l'ambition ne purent obtenir d'Anselme, les supplications de ses chers élèves le lui arrachèrent par surprise. Ravis d'admiration en écoutant cette parole qui versait dans leur intelligence une lumière si vive et si pure, ces jeunes gens n'avaient qu'un regret, celui de ne pouvoir conserver aussi fidèlement qu'ils l'auraient voulu ces explications si nettes, ces comparaisons si justes, ces aperçus profonds, ces

« sinon pour paraître ? » dit un homme de lettres que le poète met en scène. — « Vraiment ! répond le satirique avec indi- « gnation, c'est pour cela que l'on sèche et que l'on vieillit ! « quelles mœurs ! Votre savoir n'est-il donc rien si quelque « autre ne sait pas que vous savez ! »

En pallor seniumque ! o mares ! usque adeone
    Scire tuum nihil est, nisi te scire hoc sciat alter ?
1. Ma science n'est rien si elle est connue d'autrui.
2. I, 16.

distinctions subtiles, ces précieuses leçons enfin qu'ils recevaient chaque jour avec tant d'avidité. Ils manifestèrent à leur maître le désir de les avoir par écrit afin de les méditer à leur aise et de les conserver toujours. Ils le conjurèrent avec les plus vives instances de vouloir bien les rédiger pour eux. Quoi de plus légitime que ce désir, de plus naturel que cette prière ? Anselme en convenait. Mais la seule pensée, non pas de composer des ouvrages — telle était sa modestie que cette idée n'effleurait même pas son esprit — mais de rédiger par écrit des notes qui pourraient être divulguées et faire parler de lui, cette seule pensée lui faisait peur. Aussi résista-t-il longtemps. A la fin les instances devinrent si vives qu'il se laissa toucher. Il craignait aussi d'amoindrir par une humilité mal entendue les services qu'il pouvait rendre. Les avertissements de sa conscience s'unissant aux sollicitations du dehors, il surmonta ses répugnances, et il écrivit pour les étudiants du Bec, simplement, sans prétention, sans apprêt, quoique avec soin, netteté et précision, quelques-unes des leçons qu'il leur avait données de vive voix, en les reproduisant sous leur forme primitive avec les interrogations du maître et les réponses exigées de l'élève, leur conservant ainsi l'allure, la physionomie et l'animation d'un cours oral.

C'est ainsi qu'Anselme composa, en quelque sorte malgré lui et sans s'en douter, ses premiers ouvrages.

8.

CHAPITRE XV

Les trois traités qui paraissent être sortis de la
plume de notre saint avant tous les autres sont
le traité *Du libre arbitre*, le traité *De la chute du
diable* et le traité *Du grammairien*.

Le premier de ces ouvrages est en partie philosophique et en partie théologique, mais la philosophie y domine. Le saint docteur y traite la
question de la liberté qu'il définit : « la puissance
« de conserver la rectitude de la volonté pour cette
« rectitude elle-même. » Le traité tout entier
n'est qu'un solide et lumineux commentaire de
cette définition.

Le traité *De la chute du diable* fait suite au traité
Du libre arbitre, et le complète. L'auteur y examine
une des questions les plus intéressantes de la
théologie, la question de la persévérance des bons
anges et de la chute des mauvais ; mais, emporté
par son attrait et aussi par l'enchaînement logique
des idées, il ne peut s'empêcher de faire de magni-

fiques excursions dans le domaine de la philosophie.

Le traité *Du grammairien* (De grammatico) est
un exercice d'argumentation sur la question de
savoir si le grammairien est une substance ou une
qualité. Anselme y fait preuve d'une subtilité
extraordinaire, d'une grande habileté à manier le
syllogisme et d'une connaissance approfondie des
catégories d'Aristote. Dans les deux traités pré-
cédents il se révèle comme métaphysicien : dans
celui-ci il se montre maître accompli dans l'art de
la dialectique. C'est une de ces joûtes de parade
qui devinrent si fréquentes dans les siècles suivants
et où l'on s'exerçait à déployer sur les plus minces
sujets tout l'attirail des armes fournies par l'école,
et à percer son adversaire de coups inoffen-
sifs.

Il est un quatrième traité qui, d'après Eadmer,
aurait précédé le *Monologium* : c'est le traité *De la
vérité*. Il est exclusivement philosophique et touche
aux questions les plus élevées et les plus intéressantes de l'ontologie, de la théodicée, de la logique et de la morale ; mais l'idée de Dieu y domine et lui donne son unité. En effet, après avoir
défini la justice « la rectitude de la volonté con-
« servée pour elle-même », le saint docteur montre
que la vérité n'appartient à aucune chose en particulier, qu'elle subsiste indépendamment de
chaque chose, que chaque chose en particulier
n'est vraie que par elle, qu'il n'y a qu'une seule

rectitude, une seule justice, une seule vérité, Dieu.

Ces quatre traités ne nous révèlent pas seulement dans Anselme l'écrivain, le philosophe, le théologien, ils nous permettent encore d'entrevoir le professeur.

« Anselme, disent les bénédictins de la congré-
« gation de saint Maur, dans leur savante *His-*
« *toire littéraire de la France*, Anselme ne se
« bornait pas à établir des principes clairs et so-
« lides pour apprendre à étudier chrétiennement
« et à découvrir la vérité ; il montre encore par son
« exemple *la bonne manière d'enseigner les*
« *autres.* »

Eadmer fait la même remarque.

Saint Anselme est regardé avec raison par l'É-glise elle-même comme le père de la scolas-tique (1) ; néanmoins il ne se sert qu'avec une grande sobriété des termes de l'école, et seulement lorsqu'ils sont nécessaires pour donner à sa pensée plus de précision et par conséquent plus de clarté.

« Soit qu'Anselme instruisît de vive voix ou
« par écrit, remarquent les bénédictins déjà cités,
« il le faisait sans prendre le ton de docteur, mais
« en un style simple et familier, employant la force

---

1. Omnium theologorum qui sacras litteras scholasticâ me-thodo tradiderunt normam cœlitus hausisse ex ejus libris om-nibus apparet. *Leçons ae bréviaire pour la fête de saint An-selme.*

« du raisonnement et des exemples sensibles. »

Saint Anselme fut un vrai professeur.

On ne sait plus aujourd'hui donner à ce mot le grand sens qu'il avait pendant les beaux siècles du moyen âge. On ne comprend plus quelle était la puissance de ces hommes qui s'appelaient Lanfranc, saint Anselme, Albert le Grand, saint Thomas d'Aquin.

Rien n'est beau comme le rôle et la mission du professeur. La science, comme la foi, se transmet par la parole. *Fides ex auditu.* On ne possède la science dans toute sa force et dans tout son éclat qu'à la condition de la recevoir vivante des lèvres d'un maître. « Vous pouvez bien, dit à ce sujet le « Père Newman, vous pouvez bien apprendre chez « vous, dans des livres, les principes de n'importe « quelle science ; mais le détail, la couleur, le ton, « l'air, la vie qui les fait vivre en vous, voilà des « choses que vous ne pouvez recevoir que de ceux « dans lesquels cette science est déjà vivante.... « Vous devez aspirer à visiter les grands maîtres « de Florence et de Rome (1). » Cela est surtout vrai des sciences sacrées qui touchent de si près à la foi.

Le professeur ne transmet pas seulement la vérité ; il y ajoute quelque chose qui la fait res-

______

1. The general principles of any study you may learn by books at home ; but the colour, the tone, the air, the life which makes it live in you, you must catch all these from those in whom it lives already... you must aspire to visit the great masters in Florence and in Rome. — *On universities.*

plendir dans les âmes et la leur fait aimer, quelque chose de lui-même, quelque chose de son intelligence et de son cœur. Sa parole est comme un fluide électrique qui va d'une âme à d'autres âmes ; elle fait jaillir des étincelles, elle excite des commotions, elle fait parfois courir dans les veines des frissons sublimes. Elle ouvre des horizons, éveille des idées, suscite des visions internes, dépose des germes précieux, fait naître des vocations, révèle à eux-mêmes des esprits supérieurs, et creuse dans les plus médiocres de ces larges sillons de lumière qui ne s'effacent plus jamais.

O mon Dieu, rendez-nous donc, avec ces docteurs qui font connaître et aimer la vérité par leurs écrits, ces autres docteurs qui la font vivre par leur parole ! Oui, ô mon Dieu, donnez-nous des professeurs !

CHAPITRE XVI

Le Monologium.

Cet amour du saint pour les jeunes gens qui
l'avait décidé à écrire ses premiers traités lui fit
composer bientôt après un ouvrage d'une bien
plus grande valeur et tout autrement beau.

Encouragés par leur première victoire, ses chers
élèves le conjurèrent de leur laisser par écrit ses
admirables leçons sur la nature de Dieu ; car sur
ce sujet favori il se surpassait lui-même. La flamme
de son cœur semblait communiquer à son intelligence un élan plus vif et une pénétration nouvelle.
Quand il touchait à la Trinité, sa parole prenait
tout d'un coup quelque chose de surhumain et
semblait s'illuminer d'un rayon d'en haut. Ses
élèves ne se lassaient pas de l'entendre exposer les
merveilles de l'acte créateur, les attributs incom-
préhensibles de l'essence souveraine, et de pénétrer
avec lui dans les insondables profondeurs de l'être
divin et jusque dans ce sanctuaire trois fois saint
où s'accomplissent éternellement les opérations
mystérieuses qui constituent la vie intime de Dieu.
Avec leur maître ils aimaient à arrêter leurs regards

sur le Verbe, point central dans la Trinité comme
dans la création, le Verbe qui procède du Père «comme
« l'intelligence de son intelligence, la science de sa
« science, la sagesse de sa sagesse et la vérité de
« sa vérité (1). » Suspendus aux lèvres d'Anselme,
ils tressaillaient quand il leur expliquait comment
nous devons nous élancer vers cette Bonté, cètte
Beauté suprême, par la foi, l'espérance et l'amour, et
ils suppliaient ensuite leur cher maître de laisser courir sa plume sur le parchemin comme il laissait courir sa parole du haut de sa chaire, afin qu'ils pussent
goûter à loisir ces magnifiques idées sur la nature
de Dieu. S'il n'eût écouté que les inspirations de
son cœur et son amour de la science, Anselme se
fût prêté sans peine à leurs désirs ; mais il ne pouvait y condescendre sans s'exposer à la gloire, et
de tous les dangers c'était celui qui l'effrayait le plus.
Tout ce qui ressemblait, même de loin, à une ombre
de gloire, lui faisait littéralement peur. Partout
où il voyait de l'éclat il redoutait un piége. Affron-
ter la gloire et résister aux prières de ses amis,
tels furent pendant toute sa vie les deux genres de
courage qui lui coûtèrent le plus. A ses yeux, être
moine ou être mort c'était tout un. Pour lui il était
véritablement mort. Mais que de merveilles ce mort
opérait du fond de son tombeau ! Car son humilité
n'avait rien d'étroit ni de pusillanime ; elle eut
seulement pour effet, en le préservant de cet em-

1. Monol. Cap. XLVII.

pressement présomptueux et téméraire qui fait avorter tant d'esprits puissants d'ailleurs, de lui assurer cette gloire qu'il fuyait. Anselme est arrivé à cet âge de la vie où l'homme est dans la plénitude de sa force. Au lieu de disséminer et d'amoindrir ses facultés en les épanchant au dehors, il les a recueillies et fortifiées en les concentrant au dedans de lui-même ; et maintenant, pressé par les sollicitations de ses élèves, il va laisser tomber de son beau génie, comme un fruit mûr, un livre véritablement immortel.

Quoique le *Monologium* soit, comme les premiers traités du saint, un exposé de ses leçons, cependant dans ce livre il ne dialogue plus, il ne discute plus, il contemple, il médite, il déroule dans une exposition d'une clarté splendide des conceptions sublimes. Les premiers ouvrages d'Anselme n'étaient, malgré tout leur mérite, que le coup d'essai d'un grand maître. Dans le *Monologium* il prend tout à coup sur les ailes de la foi et de la raison un vigoureux essor qui le place au rang des plus grands métaphysiciens du monde. Il chante en l'honneur du grand Dieu dont les perfections le ravissent en extase un des plus beaux hymnes qui soient sortis d'une âme humaine.

A peine le *Monologium* eut-il paru qu'il excita l'enthousiasme. Ceux qui le lurent les premiers le trouvèrent si beau qu'ils ne tarissaient pas d'éloges. Tous ceux qui s'occupaient de l'étude de la philosophie voulurent non-seulement le lire, mais le copier et le posséder. On écrivit de toutes parts à Anselme pour lui en demander des exemplaires. Le saint fut effrayé de se voir ainsi précipité dans la gloire. Devait-il laisser cet ouvrage se répandre, ou bien ne valait-il pas mieux le retirer, autant que possible, de la circulation, et s'efforcer de l'anéantir ? Il inclinait vers ce dernier parti, mais, en véritable enfant d'obéissance, il n'osa point se décider par lui-même. Il envoya un exemplaire de son ouvrage à Lanfranc, le priant de l'examiner, afin de juger s'il devait être conservé ou non. Dans ce dernier cas il le priait de ne rendre ni à lui ni à personne autre l'exemplaire qu'il lui adressait. « Qu'il soit écrasé ou submergé ou brûlé ou dé-« chiré, qu'il n'en soit plus question. Quelle que « soit votre décision, je vous prie de me la faire « connaître de quelque manière, afin que l'exem-« plaire que j'ai gardé ait le même sort que celui « que je vous ai envoyé (1). »

La décision de Lanfranc ne pouvait être douteuse : il conseilla à Anselme de laisser circuler son livre. Le saint obéit, mais il s'abstint, par modestie, d'apposer son nom sur les exemplaires qu'il en

---

1. I, 63. Nous supprimons ici une intéressante discussion entre Anselme et Lanfranc sur certains passages du *Monologium* et sur la méthode même du livre. Nous ne donnons ni l'analyse des ouvrages du saint docteur ni d'appréciation de sa doctrine : il faut se rappeler que ce modeste volume n'est qu'une simple étude sur la vie intime du saint. Dans l'*Histoire de saint Anselme*, en le faisant connaître comme docteur nous donnerons une plus longue place à l'étude de ses œuvres.

envoyait ; il ne donna même à proprement parler aucun titre à son écrit. Mais comme il fallait bien cependant en indiquer le sujet en quelques mots il l'appela : *un exemple sur la manière de méditer sur les raisons de la foi.* Un titre proprement dit lui paraissait quelque chose de trop prétentieux.

La modestie du saint ne put le défendre ni contre la gloire ni contre les attaques. Il vit bientôt une nuée de critiques étroits et inintelligents dont plusieurs même étaient poussés par une basse envie s'abattre sur son ouvrage et le dépecer impitoyablement. L'ignorance et la mauvaise foi s'unissaient pour travestir et défigurer la doctrine du *Monologium*. Mais au milieu de toutes ces critiques plus ou moins fausses, plus ou moins sottes, plus ou moins malicieuses, qui pleuvaient sur lui, une seule lui allait au cœur et le blessait profondément, c'était celle qui le représentait comme un partisan d'opinions nouvelles. Indifférent en ce qui le concernait personnellement au blâme comme à l'éloge, il ne repoussait qu'une seule accusation, mais il la repoussait de toutes ses forces. Il veut bien passer pour un homme peu instruit ou peu intelligent ; que lui importe ? Mais il ne peut consentir à être regardé comme un novateur (1).

---

1. Le saint éprouve une crainte extraordinaire de voir ses ouvrages mal copiés, mal compris, défigurés. Cette crainte va jusqu'à la préoccupation et se manifeste dans ses lettres et dans la préface du *Monologium*. Nous aurions voulu la citer,

La méthode du saint docteur avait quelque chose de hardi qui était de nature à mettre la critique en éveil. Sa doctrine sans doute est celle des saints Pères, surtout de saint Augustin, mais il la refond et marque de son sceau le métal qu'il emprunte à la tradition, et l'on dirait qu'il parle de sa propre autorité. Tout en s'appuyant sur l'Écriture il semble ne tirer sa force que de la raison, n'invoquer que la raison. Dans un siècle où le respect de la révélation et de la tradition était porté si loin, une pareille méthode ne pouvait manquer de paraître suspecte. Elle était bien faite pour scandaliser les esprits étroits et routiniers qui abondent dans tous les temps.

Cette méthode qui consiste, au fond, à accorder à la révélation et à la raison tous leurs droits, et à les unir dans une sublime harmonie ; qui tend à environner la foi de toutes les lumières de la raison et à aider la raison de toutes les lumières de la foi ; cette méthode admirable, d'où sortit la scolastique, brille d'un éclat plus vif encore dans un autre ouvrage de saint Anselme qui fut son chef-d'œuvre.

mais pour rester dans notre cadre nous sommes obligés de passer rapidement sur tout ce qui tend à faire connaître saint Anselme comme docteur.

CHAPITRE XVII

Histoire du *Proslogion* : la composition de cet ouvrage est un
des plus grands événements de la vie intime de saint Anselme. — De l'argument qui fait le fond du *Proslogion*.

Tous les ouvrages de notre saint, ses traités de
philosophie aussi bien que ses *Méditations* et ses
Prières, se rattachent à sa vie intime où l'étude
ne se distinguait pas de la prière. Un des
plus grands événements de cette vie plongée à
d'indicibles profondeurs dans la contemplation
amoureuse et passionnée de la vérité, ce fut le
Proslogion. Cet événement de la vie intime de
saint Anselme qui fut en même temps un des plus
grands événements de l'histoire de la philosophie,
Eadmer nous l'a raconté avec des détails qu'il tenait
du saint lui-même, qui nous font pénétrer dans
son intérieur, nous initient au mystère de sa vie
contemplative, et qui de plus sont de nature à jeter
quelque lumière sur la valeur si souvent contestée
du célèbre argument qui fait le fond du *Proslogion*.
On nous saura donc gré de reproduire, en une
matière aussi grave, ce récit écrit sous les yeux du
saint et consacré par son approbation.

« Quand Anselme eut composé le *Monologium*, il
« lui vint en pensée de rechercher si l'on ne pourrait
« pas prouver par un argument unique et abrégé
« tout ce que la foi nous apprend sur Dieu et ses
« attributs tels que son éternité, son immutabilité,
« sa toute-puissance, son ubiquité, son incompré-
« hensibilité, sa justice, son amour, sa miséricorde,
« sa véracité, sa vérité, sa bonté, et plusieurs
« autres, et comment on pourrait montrer que
« toutes ces choses ne font qu'un en lui. Il trouva
« dans cette recherche, ainsi qu'il le rapportait lui-
« même, une grande difficulté ; car cette pensée
« lui enlevait l'appétit et le sommeil, et, ce qui le
« contrariait davantage encore, elle l'empêchait
« d'apporter à matines et à ses autres exercices de
« piété l'attention convenable. Il le remarqua, et
« n'ayant encore qu'une idée confuse du but qu'il
« poursuivait, il s'imagina que cette idée dont il
« était préoccupé était une tentation du démon,
« et il fit tous ses efforts pour l'éloigner de son
« esprit. Mais plus il prenait de peine pour la
« repousser, plus cette pensée le tourmentait. Une
« certaine nuit, pendant qu'il veillait, la grâce de
« Dieu brilla dans son cœur, ce qu'il cherchait se
« manifesta à son intelligence et remplit tout son
« intérieur d'une joie et d'une jubilation immenses.
« Il pensa que cette découverte pourrait être
« agréable aux autres, si elle leur était commu-
« niquée, et comme il était exempt de jalousie, il
« l'écrivit aussitôt sur ses tablettes, et les confia à

« un des frères du monastère en lui recommandant
« de les garder avec le plus grand soin. Il les re-
« demanda quelques jours après. On les cherche
« au lieu où on les avait déposées ; on ne les
« trouve pas. On s'informe auprès des frères si
« personne ne les aurait prises : c'est en vain.
« Personne n'en a entendu parler. Anselme re-
« commence donc sur d'autres tablettes une
« nouvelle rédaction et les confie au même frère
« avec ordre de les conserver plus soigneusement.
« Le frère les cacha alors au fond de son lit ; mais
« le lendemain, au moment où il ne soupçonnait
« rien de mal, il les trouva brisées, et les mor-
« ceaux épars sur le pavé devant son lit ; la cire
« dont elles étaient recouvertes était jetée çà et là.
« On ramasse les tablettes, on recueille la cire, et
« on porte le tout à Anselme. Il rejoint lui-même
« les fragments de cire et parvient, non sans
« peine, à rétablir ce qu'il avait écrit. Craignant
« de le perdre par sa négligence, il ordonne de le
« confier au parchemin au nom du Seigneur. Il
« composa ensuite sur ce sujet un livre petit par le
« volume, mais grand par le poids des pensées, et
« d'une contemplation très-subtile, qu'il appela le
« *Proslogion* parce qu'il s'y entretient avec Dieu ou
« avec lui-même (1). »

Voici maintenant sous sa forme principale cet
« argument unique et abrégé » découvert par le

---

1. *Vit. S. Ans.*, lib. I.

saint. « Ce qui est si grand qu'on ne peut rien
« imaginer de plus grand ne peut pas exister
« seulement dans l'intelligence. Car s'il existe
« seulement dans l'intelligence, on peut se repré-
« senter quelque chose qui existerait dans l'in-
« telligence et en réalité : ce qui est plus grand.
« Si donc ce qui est tel qu'on ne puisse se repré-
« senter quelque chose de plus grand existe dans
« l'intelligence seule, ce qui est tel qu'on ne peut
« rien imaginer de plus grand est tel qu'on peut
« se représenter quelque chose de plus grand ;
« mais certainement cela ne peut pas être. Il
« existe donc, sans aucun doute, quelque chose
« tel qu'on ne peut rien se représenter de plus
« grand, et ce quelque chose existe dans l'in-
« telligence et dans la réalité.

« Et cela est si vrai qu'on ne peut pas même se
« représenter cette chose comme n'existant pas.
« Car on peut se représenter une chose telle qu'il
« soit impossible de se la représenter comme
« n'existant pas, et cette chose sera plus grande
« que si on pouvait se la représenter comme
« n'existant pas. Si donc ce qui est tel qu'on ne
« peut rien se représenter de plus grand peut être
« conçu comme n'existant pas, ce qui est tel qu'on
« ne peut rien se représenter de plus grand n'est
« pas tel qu'on ne puisse rien se représenter de plus
« grand ; ce qui est une contradiction. Il existe
« donc véritablement quelque chose tel qu'on ne
« peut rien concevoir de plus grand, et qu'on ne

« peut se représenter comme n'existant pas :
« et ce quelque chose c'est vous, Seigneur notre
« Dieu (1) ! »

Cet argument que le saint docteur développe et
reproduit sous différentes formes est la base du
Proslogion. Il part de là pour s'élever à des idées
à la fois sublimes et touchantes sur la connaissance
et l'amour de Dieu. On pourrait intituler le *Proslogion* un traité de la connaissance et de l'amour
de Dieu.

L'argumentation qui de l'essence tend à conclure
rigoureusement l'existence, quand il s'agit de
Dieu, était alors une nouveauté. « Saint Anselme
« est le premier peut-être de tous les philosophes
« qui ait manié méthodiquement l'idée de l'infini,
« ce levier de la science, » dit le Père Gratry (2).
Aussi le *Proslogion* fut-il, dès son apparition, en
butte aux plus vives attaques. Depuis, l'argument
de saint Anselme n'a cessé de soulever des discus-
sions que nous n'avons pas à reproduire ici : nous
n'écrivons pas un livre de philosophie (3). Nous nous

---

1. Proslog., ch. 2 et 3.
2. *De la connaissance de Dieu.* 1ʳᵉ partie, ch. 5.
3. Il s'engagea entre saint Anselme et Gaunilon, moine de
Marmoutiers, son principal contradicteur, une controverse que
nous raconterons dans l'*Histoire de saint Anselme.* Pour les
raisons que nous avons indiquées dans le chapitre précédent,
nous croyons ne devoir pas nous arrêter au côté purement philosophique du *Proslogion.* Il suffit qu'on sache que c'est un
livre qui, comme le *Monologium*, traite de la nature et des
attributs de Dieu en confirmant par la raison les données de la
foi. Ce qui distingue le *Proslogion*, c'est que le saint docteur
tire ses magnifiques idées sur Dieu de l'argument que nous
avons fait connaître.

bornerons à une remarque qui est du domaine de l'histoire. On ne peut s'empêcher d'être frappé, quand on lit le récit d'Eadmer, de l'importance que saint Anselme attache à sa découverte. Lui toujours si modeste et qui estime si peu tout ce qui vient de lui-même se croit obligé à prendre les plus grandes précautions pour ne rien perdre des idées qui lui sont venues à ce sujet. Il regarde comme un devoir de les livrer fidèlement au public. C'est que cette fois il a senti, à n'en pouvoir douter, que ces idées sont une illumination d'en haut. Il n'est que le canal chargé de les transmettre. Retenir pour lui seul la moindre partie de ce trésor lui semblerait une prévarication.

Il n'est aucun de ses ouvrages qu'il ait écrit avec plus de soin que le *Proslogion*, avec plus d'élégance dans la forme, et aussi avec plus de verve et d'enthousiasme. On y sent l'inspiration. Le livre n'a que vingt-six chapitres très-courts mais ravissants. Ce sont comme autant de facettes que le saint, en artiste épris de son œuvre, a voulu donner à ce diamant précieux, qui, dans sa pensée, lui venait du ciel.

CHAPITRE XVIII

Le *Proslogion* (suite). Singularité de ce livre. Il est plein de poésie et de piété. Saint Anselme est le père de la scolastique. Caractère de son génie.

Quiconque a étudié la philosophie connaît cette preuve métaphysique de l'existence de Dieu appelée la preuve de saint Anselme. Mais il faut lire le *Proslogion* pour se faire une idée de la puissance de raison, de la richesse de poésie et de l'onction avec laquelle elle est exposée et développée. Il en est de cet argument transporté en quelques mots dans un traité de philosophie, sans vie, sans éclat et sans force, comme de ces fleurs que le botaniste dépose dans un herbier. Les formes principales et les caractères distinctifs de la fleur et de la famille se remarquent sans peine : on retrouve les pétales, l'ovaire, les étamines. Mais les rayons de soleil qui éclairent ce beau lys, sa fraîcheur, sa blancheur éclatante, la prairie, le ruisseau, les bois qui lui servaient de scène pour étaler ses charmes, tout cela a disparu.

Le *Proslogion* est un livre unique dans son genre; c'est une sorte de dithyrambe philosophique et mystique d'une singularité sublime. Ce n'est pas seulement un de ces livres qui échappent à l'analyse, et qu'on ne peut connaître qu'en les lisant; le lire ne suffit pas : il faut le méditer dans le silence et dans le recueillement. Il est tout un monde d'idées qu'il n'exprime pas, mais qu'il aide à trouver : à chaque page il perce une vue sur l'infini. Le *Proslogion* s'adresse à toutes les facultés : à l'intelligence, à l'imagination, au cœur, et il les emporte toutes vers Dieu. C'est un livre de poésie, et un livre de piété presqu'autant qu'un livre de philosophie. Il commence par cette belle prière :

« Allons ! pauvre petit homme, fuis un peu tes
« occupations; dérobe-toi un instant à tes affaires
« tumultueuses ! rejette les soucis qui t'accablent,
« laisse derrière toi cette application à des soins
« fatigants ! Occupe-toi quelque peu de Dieu et
« repose-toi un peu en Lui. Entre dans la chambre
« de ton cœur et chasses-en tout excepté Dieu et ce
« qui peut t'aider à le chercher, puis ferme la porte
« et cherche-le ! Dis maintenant, ô mon cœur
« tout entier, dis maintenant à Dieu : je cherche
« votre face ! Oui, Seigneur, je veux voir votre vi-
« sage. Et vous, Seigneur, mon Dieu, apprenez
« maintenant à mon cœur où et comment il doit
« vous chercher; où et comment il vous trouvera.
« Si vous n'êtes pas ici, Seigneur, où vous cher-
« cherai-je, ô Dieu absent ? Mais vous êtes
« partout : pourquoi ne puis-je vous voir quoi-

« que vous soyez présent ? C'est sans doute
« parce que vous habitez une lumière inaccessible ?
« Et où est-elle cette lumière inaccessible ? ou
« bien comment approcherai-je de cette lumière
« dont on ne peut approcher ? Qui me guidera ?
« Qui me conduira à elle, afin que je vous voie
« en elle ? Ensuite sous quels signes, s ous quelle
« figure vous chercherai-je ? Je ne vous ai jamais
« vu, Seigneur, mon Dieu; je ne connais pas votre
« figure. Que fera, très-haut Seigneur, que fera
« ce pauvre exilé que vous avez relégué si loin ?
« Que fera votre serviteur que votre amour tour-
« mente et que vous avez rejeté loin de votre face?
« Il soupire après le bonheur de vous voir, mais
« votre face est trop loin de lui. Il souhaite d'ap-
« procher de vous, et votre demeure est inacces-
« sible. Il brûle de vous trouver et il ne sait où
« vous êtes : il voudrait vous chercher et il ne
« connaît pas votre visage. Seigneur, vous êtes
« mon Dieu et mon maître, et je ne vous ai jamais
« vu ! C'est vous qui m'avez fait et qui m'avez re-
« fait ; et vous m'avez accordé tous les biens que
« je possède, et je ne vous connais pas encore !
« Enfin j'ai été fait pour vous voir, et je n'ai pas
« encore fait ce pour quoi j'ai été fait ! O malheu-
« reux sort de l'homme d'avoir perdu ce pour quoi
« il a été fait ! O dure, ô cruelle chute ! Hélas !
« qu'a-t-il perdu et qu'a-t-il trouvé ? que lui a-t-il
« été enlevé et que lui est-il resté ?

« Enseignez-moi à vous chercher et montrez-

« vous à moi lorsque je vous cherche ; car je ne
« puis vous chercher si vous ne m'instruisez, ni
« vous trouver si vous ne vous montrez : que je
« vous cherche en vous désirant ; que je vous
« désire en vous cherchant ; que je vous trouve
« en vous aimant ; que je vous aime en vous trou-
« vant (1) ! »

En vérité croirait-on que ce qu'Anselme cherche
et demande avec de si vifs sentiments de piété et
de componction c'est l'éclaircissement d'une question de métaphysique ? Et pourquoi pas ? La métaphysique n'est-elle pas un des plus beaux chemins qui conduisent au Dieu qu'il poursuit sans
cesse ? C'est la montagne sur laquelle il doit désormais contempler le grand Roi dont lui parlait
Ermenberge et qu'il lui fut donné de voir et d'entretenir, dès son bas âge, dans une mystérieuse vision.

Il ne faudrait point prendre le *Proslogion* pour
un traité. Ce livre rempli de la métaphysique la
plus subtile et la plus élevée n'est qu'une longue
prière, une méditation, un hymne, un chant d'a-
mour. Anselme y a mis son âme tout entière avec
sa belle et pénétrante intelligence, son humilité,
son amour du recueillement, sa passion pour la
vérité, sa foi vive et par-dessus tout l'expression ardente et enthousiaste de son irrésistible besoin de
voir Dieu, de le trouver, de le comprendre, de

____

1. Proslog., ch. I.

l'aimer. Écoutez les accents par lesquels se termine cette extatique contemplation :

« O mon Dieu, je vous en prie, faites que je
« vous connaisse, que je vous aime, que je me ré-
« jouisse de vous. Et si je ne puis pas arriver à
« cela pleinement dans cette vie, au moins que je
« fasse des progrès de jour en jour, jusqu'à ce que
« j'y arrive pleinement..... En attendant, que ce
« soit là le sujet des méditations de mon âme,
« que ce soit le sujet des discours de ma langue !
« Que mon cœur aime ce bonheur, que ma bouche
« en parle !... que mon âme en soit affamée, que
« ma chair en soit altérée ; que toute ma sub-
« stance le désire jusqu'à ce que j'arrive dans la
« joie du Seigneur lequel est vous-même, ô Dieu
« unique en trois personnes, et béni dans tous les
« siècles (1). »

On reconnaît dans ces cris éloquents et plaintifs que le saint laisse à chaque instant échapper de sa poitrine oppressée les tristesses sublimes d'une âme que l'infini tourmente, qui se débat contre les obscurités qui l'environnent, qui se tord dans les entraves des misères humaines comme un lion dans ses fers. On croit entendre Pascal, mais un Pascal doux et humble de cœur qui finit par trouver la résignation dans la prière et la lumière dans l'amour.

On voit poindre dans les ouvrages de saint An-

____

1. Prosl., cap. XXVI.

selme l'aurore de la scolastique. Si l'on veut jouir du spectacle de cette brillante aurore on n'a qu'à étudier le *Proslogion*, qui est le point culminant du génie de notre saint. « Seigneur », s'écrie-t-il en terminant la belle prière par laquelle s'ouvre son livre, « Seigneur, je n'essaie pas de pénétrer « votre profondeur parce que je ne lui com- « pare nullement mon intelligence ; mais je dé- « sire comprendre jusqu'à un certain point votre « vérité que mon cœur croit et qu'il aime ; car *je* « *ne cherche pas à comprendre pour croire, mais* « *je crois pour arriver à comprendre, car je suis* « *convaincu que sans la foi je ne comprendrai* « *point* (1). » On a dans ces dernières paroles tout le programme de la scolastique.

« Saint Anselme, dit le Père Gratry, est l'au- « teur du grand mouvement scolastique, le- « quel est de tous les mouvements historiques « celui qui a le plus développé la raison hu- « maine... »

« L'Église rend à l'œuvre philosophique de saint « Anselme l'étonnant témoignage que voici : ses « écrits montrent manifestement qu'il a puisé dans « le ciel la forme de doctrine par laquelle il dé- « fend notre foi *et que suivirent depuis tous les* « *théologiens qui appliquèrent aux lettres sacrées* « *la méthode scolastique* (2). »

---

1. Prosl., cap. I.
2. Omnium theologorum qui sacras litteras scholasticâ me-thodo tradiderunt normam cœlitus hausisse ex ejus libris

« Quelle est cette forme de doctrine ? C'est ma-
« nifestement cette grande méthode chrétienne,
« ce procédé complet de la pensée qui cherche la
« foi par l'intelligence et l'intelligence par la foi.
« Saint Anselme, plus précisément que les Pères,
« donne à l'école sa loi, et fonde l'admirable en-
« seignement théologique et philosophique dans
« lequel les deux principes de la lumière, la rai-
« son et la foi, toujours radicalement distincts
« restent profondément unis (1).»

Les *Méditations* et les *Prières* d'Anselme nous
révèlent le saint ; ses traités nous font connaître
le philosophe; le *Proslogion* nous laisse apercevoir
l'un et l'autre ; il porte la double signature de sa
sainteté et de son génie.

Il existe deux grandes familles d'esprit. Les uns
comme Aristote et saint Thomas d'Aquin s'attachent surtout à prouver ; ils procèdent par déduc-
tion, par syllogisme. Les autres comme Platon et
saint Augustin songent moins à démontrer qu'à
montrer ; ils ouvrent de splendides horizons ; ils
préfèrent au syllogisme l'induction transcendan-
tale qui s'élance d'un bond du fini à l'infini. L'é-
lément des premiers est la dialectique ; les seconds
sont plus à leur aise dans la métaphysique. Les
premiers ont plus de vigueur et de précision ; les
seconds plus d'élévation et d'élan (2).

omnibus apparet. — *Leçons du bréviaire pour la fête de
S. Ans.*
 1. *Connaissance de Dieu.* 1re partie, chap. 5.
 2. En ce qui regarde saint Thomas il faut remarquer que

Il suffit de lire une page du *Proslogion* pour reconnaître tout d'abord que saint Anselme est de la famille de Platon et de saint Augustin.

le syllogisme, tout en étant le procédé favori de son génie porté de préférence à la dialectique, n'ôte rien à son élan et ne l'empêche pas d'être un des premiers et même probablement le premier métaphysicien du monde.

CHAPITRE XIX

Les oblats.

Au moyen âge on appelait *oblats*, *oblati*, des enfants que leurs parents offraient à Dieu dès leur jeune âge pour lui être consacrés dans la vie religieuse. Les moines auxquels ils étaient ainsi confiés les élevaient pour le cloître.

Dans chaque monastère l'oblation de ces enfants se faisait avec des cérémonies particulières.

Au Bec les parents conduisaient leur enfant au pied de l'autel pendant que le Père abbé célébrait le saint sacrifice de la messe. A l'offertoire le jeune oblat présentait une offrande qui était reçue par le sacristain ; ses parents s'approchaient aussitôt, enveloppaient sa main droite dans un des linges sacrés de l'autel et la présentaient à baiser au célébrant qui recevait l'enfant en formant le signe de la croix sur sa tête. Puis après l'avoir aspergé d'eau bénite, il lui donnait la tonsure, au milieu des chants sacrés, le dépouillait de ses vêtements de dessus en disant : *Que le Seigneur te dépouille, Exuat te Dominus,* bénissait une petite cuculle et l'en revêtait en disant : *Que le Seigneur te revête, Induat te Dominus* (1).

Les enfants ainsi offerts par leurs parents suivaient, dans la mesure qui convenait à leur âge, les exercices de la vie monastique. Ils prenaient part aux cérémonies du chœur et au chant de l'office divin; ils avaient leur chapitre à part où leurs fautes étaient déclarées, reprises et punies ; ils devaient garder le silence, excepté à certaines heures, étudier, prier, obéir, en un mot observer une règle moins sévère que celle des moines sans doute, mais qui pourtant s'en rapprochait.

Le Père abbé était, de droit, leur premier maître; en sa présence, personne ne pouvait les reprendre sans sa permission. D'ordinaire il confiait leur direction au prieur. C'est ce que fit Herluin pour Lanfranc d'abord, puis pour Anselme. Mais quand Anselme fut devenu abbé il retint pour lui la direction des enfants qu'il aima toujours d'une affection particulière. L'éducation de la jeunesse fut son œuvre de prédilection, celle à laquelle il apportait le plus de soin (2). Non content d'y travailler lui-même, il s'appliquait à y attacher les autres en les pénétrant de son importance. Il comparait les enfants tantôt à une cire molle qui prend facilement toutes les empreintes, tantôt à

1. Dom Martène. De antiquis monachorum ritibus. Lib. V, cap. V. — De puerorum oblatione et disciplina. — Ex M. S. lib. Usuum Beccensium.

2. Adolescentibus atque juvenibus præcipuâ cnrâ intendebat. — Eadm. *Vit S. Ans.*, lib. I.

un vase qui conserve longtemps le parfum de la première liqueur qu'on y a versée. (1) Le saint aimait les enfants et s'efforçait de les faire aimer aux autres : ce fut une grande consolation pour lui de voir que sa charge de prieur lui permettait d'environner les oblats des marques de sa tendresse et de leur faire du bien.

Au dessous du prieur, un moine portait le titre et remplissait les fonctions de *Maître des enfants* (Magister puerorum). Ce maître était aidé par des religieux choisis par le prieur. Les autres moines ne devaient ni pénétrer dans la classe des oblats, ni entrer en communication avec eux. Les oblats ne devaient rien recevoir de la main d'un autre que du maître chargé de pourvoir à leurs besoins, pas même un livre, ou un vêtement.

Le cellérier (cellararius) et le chambrier (camerarius) visitaient de temps en temps les classes et demandaient aux oblats de quelles choses ils avaient besoin ; ceux-ci devaient répondre en présence de tous, et à haute voix. Si, pendant la classe, un enfant avait à parler à un autre, il devait également le faire de manière à être entendu de tous, et après avoir obtenu la permission du maître.

Quand il arrivait un moine étranger, il donnait, suivant l'usage, l'accolade aux religieux en signe

---

1. *Vit. S. Ans.*, libr. I. Similit. CXLII.

de charité ; on lui permettait quelquefois de visiter les enfants, jamais de les embrasser.

Les oblats prennent leur repos dans un dortoir où leurs lits sont séparés par les lits de leurs maîtres. Ces derniers surveillent avec une vigilance toute particulière leur lever et leur coucher. Pendant la nuit le maître principal (major magister) visite les lits des autres maîtres et ceux des enfants, une lanterne d'une main et une verge de l'autre, et, s'il remarque que quelqu'un est découvert, il le touche légèrement non de la main, mais du bout de sa verge, de manière à le réveiller, puis il lui fait signe de se couvrir modestement. Si un enfant est obligé de se lever pendant la nuit, il doit commencer par éveiller un maître et se placer sous sa surveillance.

A l'église les oblats ont la face tournée du côté des moines ; si l'un d'entre eux vient à s'endormir, le maître lui place entre les mains un grand livre qu'il doit tenir jusqu'à ce qu'il soit entièrement réveillé.

Quand ils font la méridienne, un maître veille à ce qu'ils restent couverts et à ce qu'ils ne lisent pas.

Quelque part qu'ils aillent, à n'importe quel moment de la journée, ce doit être avec permission et sous une surveillance qui ne se dément pas un instant.

Au réfectoire ils sont placés devant des religieux qui les observent, et ils mangent boutde, par respect, à moins qu'ils ne soient trop faibles ; alors on leur permet de s'asseoir. On n'oublie pas les ménagements qu'exige leur âge, et l'on prend des précautions pour ne point nuire à leur santé. Si un enfant ne peut attendre l'heure du déjeuner commun, on lui apporte au moment même de son lever un peu de pain et de vin.

On ne saurait croire avec quel soin on formait ces enfants, espoir du cloître, à la piété, à l'obéissance, à la modestie, à la mortification. On les reprenait de leurs fautes sans dureté, mais aussi sans faiblesse ; on ne craignait pas de leur infliger, au besoin, des châtiments corporels.

L'école que nous venons d'esquisser à grands traits, ce n'est pas seulement l'école des oblats du Bec, c'est celle de Cluny, c'est celle de Saint-Bénigne de Dijon, c'est celle de la plupart des monastères de cette époque. Au fond ces écoles se ressemblent toutes.

Celle du Bec se distinguait par un plus grand esprit de douceur, d'indulgence et de bénignité. Cet esprit était dû à la direction et à l'influence de saint Anselme.

Les oblats étaient soumis à une discipline vraiment sévère. Cette sévérité si favorable à l'éducation quand elle est réglée par une sage discrétion et tempérée par une bonté paternelle dégénérait parfois, il faut bien le reconnaître, en un excès de rigueur qui au lieu de fortifier les jeunes âmes les comprimait et les empêchait de se développer. Ces moines courageux, habitués à se vaincre eux-mêmes en toute chose, et à mener une vie austère, ne comprenaient pas toujours assez les ménagements que réclame l'enfance. Il arrivait que quelques-uns — c'était inévitable — maniaient avec des mains trop rudes ces fleurs délicates. Saint Anselme mit tout son zèle à combattre cette sévérité, en s'efforçant de faire prédominer partout dans l'éducation des oblats l'esprit de douceur et d'indulgence qui régnait au Bec.

CHAPITRE XX

Un jour un abbé d'un monastère de Normandie s'étant rendu au Bec pour demander les avis du saint prieur, en vint, après lui avoir exposé ses peines et ses embarras sur différents points, à lui parler de l'éducation des oblats ; c'était là son grand sujet d'ennui. « Indiquez-moi donc, je vous « en prie, dit-il au prieur, quelle règle il faut « tenir à leur égard ; car ils sont pervers et in- « corrigibles. Jour et nuit nous ne cessons de les « battre, et cependant ils deviennent toujours « pires. — Vous ne cessez de les battre ! reprit « Anselme étonné, et quand ils sont adultes, que « deviennent-ils ? — Hébétés et brutes. — Mais « alors à quoi bon les dépenses que nécessite leur « entretien, si elles n'aboutissent qu'à vous faire « élever des hommes pour en faire des bêtes ? — « Mais qu'y pouvons-nous ? Nous les contraignons « de toutes les manières pour qu'ils fassent des « progrès et ils n'en font aucun — Vous les con- « traignez ! Dites-moi, je vous prie, seigneur « abbé, je suppose que vous ayez planté un arbre

« dans votre jardin ; si vous le comprimez ensuite
« de toute part de manière à l'empêcher d'étendre
« ses rameaux et que vous le débarrassiez de ses
« entraves au bout de quelques années, quel arbre
« trouveriez-vous ? A coup sûr un arbre inu-
« tile, aux branches tordues et entortillées. Et à qui
« la faute sinon à vous qui l'auriez ainsi enlacé ?
« Eh bien ! voilà ce que vous faites pour vos en-
« fants. En consacrant à Dieu ces jeunes en-
« fants on les a plantés dans le jardin de l'Église
« pour qu'ils y croissent et y fructifient, et vous,
« par la crainte, les menaces, les coups, vous les
« tenez dans une telle contrainte qu'ils ne peuvent
« jouir d'aucune liberté ! Ainsi comprimés à
« l'excès ils accumulent dans leur sein, caressent
« et nourrissent des pensées mauvaises qui s'y en-
« trelacent comme des épines, et ils les entretien-
« nent et les fortifient de manière à repousser opi-
« niâtrément tout ce qui pourrait servir à leur
« correction. Comme ils ne sentent en vous au-
« cune affection, aucune bonté, aucune bienveil-
« lance, aucune douceur à leur égard, et qu'ils
« n'espèrent plus aucun bon traitement de votre
« part, ils s'imaginent que vos procédés envers
« eux sont inspirés par la haine et l'irritation. Et,
« par un malheur déplorable, il arrive qu'à me-
« sure que le corps se développe, la haine et toute
« sorte de mauvais soupçons croissent aussi en
« eux, et qu'ils sont toujours inclinés et courbés
« vers le vice. Et comme personne ne les a élevés

« dans une véritable affection, ils ne peuvent plus
« regarder personne que le sourcil baissé, et avec
« des yeux de travers. Mais, au nom de Dieu, ré-
« pondez-moi, quelle raison avez-vous donc de
« vous acharner ainsi contre eux ? Ne sont-ils pas
« des hommes ? Ne sont-ils pas de la même na-
« ture que vous ? Voudriez-vous qu'on vous in-
« fligeât les mêmes traitements que vous leur
« faites subir, si vous étiez à leur place ?

« Passons sur ce point. »

« Mais ne voulez-vous les former aux bonnes
« mœurs qu'à force de coups et de flagellations ?
« Et avez-vous jamais vu un artisan se contenter
« de battre une lame d'or ou d'argent pour en
« faire une belle figure ? Je ne le crois pas. Que
« fait-il donc ? Pour donner au précieux métal
« une forme convenable, tantôt il le serre et le
« frappe doucement à l'aide d'un instrument ;
« puis avec des tenailles délicates il le saisit
« et le façonne plus doucement encore. Vous
« de même, si vous désirez que vos enfants
« soient ornés de bonnes mœurs, vous devez tem-
« pérer les corrections corporelles par une pater-
« nelle bonté, par une assistance pleine de man-
« suétude. — Mais quel tempérament prendre ?
« En quoi les assister ? reprit l'abbé, tous nos
« efforts tendent à les contraindre à prendre des
« manières graves et pleines de maturité. — Très-
« bien ! dit Anselme, le pain, ainsi que toute autre
« nourriture solide, est excellent pour celui qui peu

« en manger, mais essayez d'en nourrir un enfant
« qui vient d'être sevré, et vous verrez qu'il l'é-
« touffera au lieu de le fortifier. Pourquoi ? Inu-
« tile de le dire ; c'est évident. Mais retenez bien
« ceci : de même que le corps exige une alimen-
« tation différente, selon qu'il est faible ou vi-
« goureux, de même l'âme, suivant qu'elle est
« faible ou forte, demande une nourriture diffé-
« rente aussi. Une âme forte se soutient par une
« nourriture solide. La patience dans les tribu-
« lations, présenter la joue gauche quand on est
« frappé sur la droite, prier pour ses ennemis,
« aimer ceux qui nous haïssent, et plusieurs autres
« vertus semblables, voilà sa force et sa joie. L'âme
« faible et encore tendre a besoin de lait, je veux
« dire de la douceur du prochain, de bénignité,
« de compassion, de consolation joyeuse, de sup-
« port charitable. Si vous vous mettez ainsi au
« niveau de tous vos enfants, vous faisant fort avec
« les forts, faible avec les faibles, vous les gagnerez
« tous à Dieu au degré où il importe de le faire. »

« Ayant entendu ces paroles l'abbé se mit à
« gémir : oui c'est vrai, nous nous sommes trom-
« pés ; la lumière de la discrétion ne nous a
« point éclairés. Et se prosternant aux pieds
« d'Anselme, il confessa qu'il avait péché, qu'il
« était coupable ; il demanda pardon de ses fautes
« passées et promit de s'amender à l'avenir (1). »

1. Eadm. *Vit. S. Ans.*, libr. I.

Quand on n'étudie la vie du cloître que dans les règles établies par les fondateurs d'ordres, la règle de saint Benoît par exemple, elle se montre à nous sous un aspect sombre et terrible. Ces hommes qui se prosternent devant un abbé, obéissent à un prieur, se lèvent et se couchent, marchent et s'arrêtent au son d'une cloche, nous semblent à plaindre. Mais si l'on demande à l'histoire de nous montrer cette vie, non plus dans des règles abstraites, mais dans ces détails qui la font revivre à nos yeux, elle nous apparaît dans une réalité douce et pleine d'attraits. On ne voit plus ni abbé, ni prieur ; on voit un Anselme qui se penche sur la couche du vieil Herrewald et exprime sur ses lèvres le jus d'une grappe de raisin, qui environne de ses caresses un Osbern rebelle, et fait de lui, à force de l'aimer, un modèle de piété et d'obéissance volontaire.

Il en est de même des écoles des oblats.

Si l'on jugeait de ces écoles par les règles de discipline que nous ont laissées Hildemar, Smaragdus, Lanfranc et Udalric, on en aurait une idée fausse. Ces règles ne nous laissent soupçonner ni le cœur de ceux qui les appliquent, ni le bonheur de ceux qui les suivent. Elles nous parlent de maîtres ; mais il ne faut pas oublier que ces maîtres sont des pères et que la charité, souvent aussi la nature, leur donnent une sollicitude et une tendresse vraiment paternelles pour leurs enfants adoptifs. Ces règles semblent ne se rapporter qu'à une école ; mais en réalité cette école est une famille, ces enfants sont les enfants du cloître : ils vivent heureux à son ombre comme d'autres sous le toit paternel, goûtant des joies tout embaumées du parfum de l'innocence et d'autant plus vives qu'elles sont entremêlées de sacrifices. Ah ! puissent ces écoles destinées à multiplier les vocations religieuses revivre parmi nous (1) !

1. Des essais qui réussissent ont été faits dans ce sens. La *Petite œuvre* des Missionnaires du Sacré Cœur n'est pas autre chose, au fond, qu'une école d'oblats. Pourquoi chaque ordre religieux n'aurait il pas sa *Petite œuvre*, son école d'oblats composée d'enfants en qui l'on aurait remarqué de l'intelligence et des signes d'une vocation que leurs parents leur permettraient de suivre en s'y préparant dès leur jeune âge ?

CHAPITRE XXI

Peines intérieures du saint. — Il se croit abandonné de Dieu
et forme la projet de renoncer au priorat pour travailler
plus efficacement à son salut. Maurille, archevêque de Rouen,
l'en dissuade.

Anselme semblait fait pour vivre de la vie des
purs esprits. Il n'était dans son élément que lorsqu'il pouvait baigner son crucifix de ses larmes,
lorsqu'il creusait une question de philosophie ou
qu'il copiait un vieux manuscrit. Hors de là il
éprouvait une sorte d'asphyxie morale. Or ces
puissances de son âme qu'il aurait voulu concentrer en Dieu, il se voyait forcé de les disséminer
sur une foule de soins matériels et de détails
d'administration. Ce n'était qu'avec des déchirements incroyables qu'il s'arrachait à ses méditations et à ses études; il s'y arrachait cependant, mais au milieu de ces occupations si con-
traires à ses goûts il ne vivait qu'à demi, semblable au poisson qui se meurt sur le rivage, en
regardant l'onde pure sans pouvoir s'y plonger.

Des troubles de conscience se joignaient à ses
dégoûts. Comment pourrait-il conserver, au mi-

lieu de ce tourbillon de préoccupations inces-
santes, « cette paix de l'âme fruit de la patience
« et de la douceur » qu'il recommandait tant
aux autres et « sans laquelle, disait-il avec
« raison, il est impossible de découvrir et de re-
« connaître les sentiers étroits de la vertu (1) » ?
Il se croyait abandonné de Dieu en punition de
ses fautes. Il ne s'apercevait point du bien qu'il
faisait et ne cessait de gémir sur ce qu'il appelait
« ses empêchements stériles (2) ».

« Puisque par une disposition particulière de la
« Providence, écrivait-il à un de ses amis intimes,
« nous ne pouvons jouir du bonheur de nous voir,
« nous devons nous procurer, en nous envoyant
« réciproquement des salutations, une joie sinon
« aussi grande que nous le voudrions, du moins
« aussi grande que nous le pouvons. Voilà pour-
« quoi si je pouvais vous envoyer des lettres aussi
« souvent que je le désire, je vous en enverrais
« souvent, et j'en exigerais de vous en retour. Mais
« je me vois enlever, en punition de mes péchés,
« non-seulement la faculté de dicter des lettres,
« mais de lire, de méditer ou de prier, de telle
« sorte qu'il me semble que la miséricorde de Dieu
« s'est éloignée de moi. Aussi je gémis sous le poids
« d'une inconsolable douleur, et cependant mes
« gémissements n'ont pas la vertu de rappeler sur
« moi la miséricorde de Dieu. En effet, je vois bien

1. I. 29.
2. I. 34.

« les immenses obstacles qui malheureusement
« s'opposent à mon repos, mais je ne retire de mes
« préoccupations aucun avantage qui puisse me
« consoler. Je ne puis m'en prendre à des occu-
« pations que je n'ose négliger, quelque viles et
« inutiles qu'elles soient. Il m'est donc impossible
« d'excuser ma lâcheté. Car ma pauvre âme est na-
« turellement fort étroite, et ma bonne volonté est
« affaiblie par une si grande langueur qu'elle
« peut à peine suffire même à la plus petite solli-
« citude, en bannissant les autres, et qu'elle s'af-
« faisse sous le moindre fardeau, ou se laisse
« vaincre par la plus légère tentation (1). »

Les troubles du saint en vinrent à un tel point
qu'il crut ne pouvoir retrouver la paix de l'âme
qu'en redevenant simple moine. Il lui semblait que
là serait pour lui le bonheur et le salut. Cependant,
fidèle à son habitude de ne rien faire sans conseil,
il alla consulter à Rouen l'archevêque Maurille.

C'est Maurille, on s'en souvient, qui avait décidé
la vocation d'Anselme. Ce prélat également recom-
mandable par sa science, par sa vertu, et par une
prudence consommée, appartenait à une famille
noble du diocèse de Reims. Après de longues et
sérieuses études, il avait embrassé la vie monastique à Fécamp. Puis, avec la permission de son
abbé, il s'était retiré en Italie pour y servir Dieu
dans un ermitage. Mais le marquis Boniface, sei-

1. I. 6.

gneur du pays, le contraignit en quelque sorte à accepter la charge d'abbé du monastère de Sainte-Marie de Florence. Là Maurille eut grandement à souffrir de la part des moines confiés à sa direction. Ils avaient pris sous son prédécesseur des habitudes dissolues et résistaient opiniâtrément au dessein qu'il manifestait de rétablir parmi eux la discipline et la régularité. Ils allèrent jusqu'à essayer d'empoisonner leur nouvel abbé. Fatigué de luttes inutiles, il revint à Fécamp, espérant y passer le reste de sa vie dans le calme et l'obscurité. C'est là que la Providence vint le chercher pour le faire monter en 1055 sur le siége archiépiscopal de Rouen, où il se fit remarquer par son zèle pour la réforme des mœurs et le rétablissement de la discipline ecclésiastique. Un tel homme était bien fait pour apprécier Anselme, comprendre ses peines, et le diriger dans sa voie. Quand le saint prieur fut à ses pieds et qu'il eut commencé à lui exposer ses souffrances et ses inquiétudes, il s'interrompit tout d'un coup, fondit en larmes, puis ne songeant plus à demander à l'archevêque un avis qui, selon lui, ne pouvait être douteux, il le conjura avec les plus vives instances de l'aider à se débarrasser d'un fardeau tout à fait au-dessus de ses forces. « Cessez, mon très-cher fils, lui dit « Maurille, de poursuivre le but que vous pour- « suivez ; ne pensez plus à vous soustraire au soin « de diriger les autres pour ne vous occuper que « de vous seul. En vérité, je vous le dis, je sais

« par les rapports qui m'ont souvent été faits à ce
« sujet, et par les exemples nombreux que j'ai vus
« moi-même, qu'il est arrivé à un grand nombre
« de tomber dans la négligence et d'aller de mal en
« pis pour avoir cherché leur propre repos et n'avoir
« point voulu se charger de la conduite des autres.
« C'est pourquoi, de peur qu'un pareil malheur ne
« vous arrive à vous-même (ce qu'à Dieu ne
« plaise !), je vous commande en vertu de la sainte
« obéissance de conserver la prélature dont vous
« êtes présentement chargé, et de ne l'abandon-
« ner jamais, sous aucun prétexte, si ce n'est par
« l'ordre de votre abbé, et s'il vous arrive d'être
« choisi pour une autre prélature plus élevée‘
« ne la refusez en aucune manière. Car je
« sais que vous ne resterez pas longtemps dans
« celle que vous exercez à cette heure, mais que
« vous ne tarderez pas d'être promu à un degré
« plus élevé (1). » A ces mots Anselme ne put contenir sa douleur. Ah ! malheur à moi ! s'écria-t-il
en interrompant le prélat par ses sanglots, que je
suis malheureux ! hélas ! hélas ! que je suis malheureux ! je succombe sous le faix que je porte, et
si on m'en impose un plus pesant encore, je n'o-
serai pas le rejeter ! L'archevêque laissa à la douleur du saint le temps de faire explosion, puis il
reprit tranquillement son discours, réitéra son

____

1. *Vit. S. Ans.*, lib. I. — Eadmer nous a conservé cette réponse de Maurille telle qu'elle lui avait été rapportée par le
saint.

ordre de la manière la plus formelle, et lui enjoignit de ne point le transgresser.

Le docile prieur n'avait plus qu'à baisser la tête sous le joug. Il reprit le chemin du Bec, l'âme navrée, mais se sentant plus fort pour boire son calice jusqu'à la lie parce que dès lors il apercevait plus clairement la main qui le lui présentait.

CHAPITRE XXII

Dieu révèle au saint sa mission de propager les vocations
monastiques.

Cette fois encore Anselme trouva dans l'obéissance la lumière et la force. Il comprit qu'il s'était
trompé en se prenant pour quelque chose tandis
qu'il n'était rien, et qu'il s'était, dans ses désirs de
perfection , trop préoccupé de lui-même. Il se jeta
dans les bras de Dieu avec un abandon sans réserve, ne songeant plus qu'à demeurer entre ses
mains comme un vil outil. Il resta bien le regard
constamment levé sur lui-même , mais pour se
tenir anéanti devant Dieu, se regardant comme le
dernier des hommes, un objet de mépris et d'horreur que, pour sa part, il ne pouvait voir sans
honte et sans dégoût. C'est avec une conviction de
plus en plus profonde qu'il s'intitule dans ses
lettres « Anselme moine par l'habit, pécheur par la
« vie ». Et cependant sa sainteté en était arrivée à
un point tel qu'au dire d'Eadmer, on ne pouvait
plus trouver aucun désaccord entre sa conduite et
les pieux discours par lesquels il excitait continuellement les autres à la plus haute perfection.

Il arrivait souvent qu'on lui écrivait pour se recommander à ses prières : il ne comprenait rien à ces méprises et elles le jetaient dans d'étranges embarras ; il n'osait ni refuser de peur de contrister ceux qui s'adressaient à lui, ni promettre de peur de les tromper. « Ma conscience proteste, « s'écriait-il ; je n'ai pas ce qu'on espère de « moi (1). »

Pendant qu'aux yeux de tous sa sainteté resplendissait comme un astre, lui-même n'apercevait en lui que des misères. Il croyait véritablement reculer dans le chemin de la perfection où il marchait à pas de géant. « Ah ! je vous en con-« jure, écrivait-il à ses amis, priez pour moi avec « plus de ferveur que d'habitude de peur que je « ne vienne à consommer la misérable défaillance « que j'ai commencée et qui est déjà presque « achevée (2). » Il se voyait à chaque instant prêt à rouler de nouveau dans l'abîme d'où la grâce de Dieu l'avait fait sortir, et cette crainte était pour lui un continuel supplice parce qu'à tout prix il ne voulait pas offenser Dieu, il ne voulait pas cesser de l'aimer. Mais ce supplice même il le ressentait sans s'en préoccuper, l'acceptant tranquillement en esprit de pénitence comme le châtiment de ses fautes.

Le corps du saint moins fort que son âme ne put supporter tant de souffrances. Épuisé par les

1. I, 17.
2. I, 43.

veilles, les macérations, l'étude, et plus encore
par les peines intérieures il tomba dans une maladie grave.Ce n'était qu'une nouvelle épreuve,des-
tinée à achever de le détacher de tout ce qui passe en
le plaçant un instant sur les frontières de l'éternité.
Dieu lui envoya la guérison, et le voyant suffi-
samment préparé par le sacrifice et le renonce-
ment à accomplir la mission qu'il voulait lui
confier, il se montra de nouveau à lui. Pendant sa
convalescence il eut une vision que nous allons
laisser raconter à Eadmer lui-même.

« Anselme ravi en extase vit un torrent qui rou-
« lait dans son cours rapide toute sorte de balayures
« et des immondices de tout genre. L'eau du tor-
« rent était tout à fait trouble et hideusement
« souillée par le mélange de toutes ces ordures.
« Elle entraînait tout ce qu'elle pouvait atteindre,
« hommes et femmes, riches et pauvres. A ce
« spectacle Anselme se sentit ému de pitié pour
« ceux qu'entraînait ainsi cet immonde torrent, et
« il demanda de quoi ils se nourrissaient et avec
« quelle boisson ils étanchaient leur soif. — Avec
« celle-ci même, lui fut-il répondu, et ils y trou-
« vent un grand plaisir. — Eh quoi ! s'écria alors
« le saint avec indignation, est-il possible qu'un
« homme après avoir bu un pareil limon n'ait pas
« honte au point de se dérober à tous les regards?
« — Mais celui qui l'accompagnait lui dit : ne
« t'étonnes pas ainsi ; le torrent que tu vois est le
« torrent du monde qui entraîne et roule avec lui

« les hommes du monde. — Veux-tu voir mainte-
« nant, ajouta-t-il, ce que c'est que la vraie pro-
« fession monastique ? — Oui certes, répondit
« Anselme. Alors son guide le conduisit dans l'in-
« térieur d'un grand cloître et il lui dit : regarde
« bien tout autour de toi. Le saint en promenant
« ses regards autour de lui vit les murs du cloître
« tout couverts de l'argent le plus pur et d'une
« blancheur éclatante. Au milieu se trouvait une
« fraîche pelouse dont l'herbe était aussi d'argent
« et d'une moelleuse douceur qui surpassait tout
« ce qu'on peut imaginer. Quand on s'asseyait sur
« cette herbe elle cédait doucement comme de
« l'herbe ordinaire ; dès qu'on se relevait, elle se
« redressait aussitôt elle-même. Ce lieu était rem-
« pli de charmes et d'agréments incomparables,
« Anselme le choisit pour en faire le lieu de sa
« demeure. — Veux-tu voir, lui dit alors son
« guide, en quoi consiste la vraie patience ? —
« Très-volontiers ! Il n'est rien que je désire da-
« vantage. — A peine avait-il achevé ces mots
« que la vision, à son grand regret, disparut (1). »
On se rappelle ce songe mystérieux dans lequel
Anselme encore enfant avait vu le grand Roi sur
la montagne, s'était entretenu familièrement avec

1. Ad hoc ille qui comitabatur eum, ne mireris, inquit.... .
Nous laissons cette tournure par laquelle Eadmer parle ici de
celui qui accompagnait le saint comme s'il en avait déjà été
question. Toutes ces traductions d'Eadmer et de saint Anselme, nous les avons faites nous-mêmes, et nous avons tenu
à être aussi littéral que possible au risque d'être parfois un
peu lourd.

lui, avait repris ses serviteurs de leur négligence. La vision de son âge mûr explique et complète la vision de son enfance : Dieu veut faire de lui l'apôtre de la vie monastique. Le saint comprit que Dieu lui confiait cette mission et il s'y dévoua tout entier.

CHAPITRE XXIII

Aspect particulier sous lequel se présente la vie monastique au XIᵉ siècle.

On ne saurait comprendre la mission qui remplit la première partie de la carrière de notre saint, si l'on ne connaissait l'aspect particulier sous lequel se présente la vie monastique au XIᵉ siècle.

Le cloître, à cette époque, n'était pas seulement une retraite pour les âmes enflammées du désir de se vouer à une vie parfaite, un asile ouvert à la faiblesse et au repentir; il était encore un abri préparé par la Providence contre la redoutable contagion d'un siècle plein de foi, mais effréné dans ses mœurs. On voyait alors s'étaler au grand jour avec une scandaleuse impudence des désordres dont notre civilisation qui polit tout, même le vice, n'a plus l'idée. Comment comprendre aujourd'hui par exemple les abus criants qui vers ce temps-là portèrent l'Église à solliciter de toutes ses forces, au nom de l'humanité, au nom de la justice, au nom de la science, au nom de la religion, la suspension des horreurs de la guerre à certains jours, et à certaines époques déterminées, et à établir la *Trève de Dieu?* Mais la guerre alors entrait en quelque sorte dans les mœurs. C'est à elle qu'on demandait, faute de lois et de sanction pénale, le redressement des torts et la satisfaction pour les injures reçues. Ces guerres continuelles ne pouvaient manquer d'entraîner des désordres de tout genre, et elles suffiraient pour nous faire juger de la licence des mœurs. Au milieu de ces agitations et de ces scandales les chrétiens qui voulaient à tout prix sauver leur âme n'hésitaient point à entrer dans un monastère. Promptes à se jeter dans de grands excès les âmes étaient capables, en retour, de grands sacrifices. Les idées d'ailleurs étaient à la guerre en même temps que l'heure était aux généreux dévouements, et le monastère était un camp spirituel : on se faisait moine comme on se faisait soldat.

Le xie siècle ne fut pas moins un siècle de restauration morale et religieuse qu'un siècle de restauration intellectuelle, et le cloître était le foyer d'où les fortes vertus jaillissaient avec la science. On a de la peine à se représenter aujourd'hui l'élan et la vie qui animaient ce siècle réputé barbare. Le mouvement en effet n'était point, comme de nos jours, dans les travaux matériels, dans les chemins de fer et dans les télégraphes, dans les progrès du commerce et de l'industrie : il était tout entier dans les âmes. Mais quel mouvement que celui qui créa, dans ce siècle, la chevalerie et les croisades ! Eh bien ! l'impulsion de ce mouvement venait du cloître. En effet, qui a suscité la chevalerie ? qui a produit les croisades ? N'est-ce pas le sentiment chrétien ? n'est-ce pas le besoin sublime du sacrifice ? Mais où s'était développé ce sentiment chrétien ? où s'était allumée cette flamme du sacrifice ? Était-ce au milieu du monde ou dans le cloître ? « C'est l'amour de Jésus-Christ, a dit un « écrivain chrétien, qui a fait la grandeur du « moyen âge ; c'est lui qui a fait les croisades (1) » Oui sans doute, l'amour de Jésus-Christ communiqua une unité puissante et féconde à toutes ces idées chevaleresques et généreuses qui se trouvaient en circulation dans le moyen âge, et en fit sortir ces grandes institutions, ces grandes œuvres auxquelles personne ne saurait refuser son admiration. Mais cet ardent amour de Jésus-Christ où s'était-il formé ? Où avait-il grandi ? N'était-ce pas dans le cloître ? La vie féconde que nous étudions en ce moment n'est autre chose qu'un épanouissement de cet amour de Notre-Seigneur.

Du cloître cet amour de Jésus-Christ s'épanchait peu à peu sur la société. Les monastères n'étaient pas tellement fermés qu'il ne s'échappât, à travers leurs murs, les plus suaves émanations. Mais plutôt, étaient-ils fermés ? N'étaient-ils pas au contraire une école de sacrifice et d'amour ouverte aux gens du monde ? Les liens les plus doux et les plus

1. Ozanam. — *Commentaire sur le Dante.*

forts unissaient les séculiers aux moines.Qui ne comptait alors dans les rangs de ces nombreuses phalanges monastiques uu fils, un frère, un ami ? On venait les visiter dans leur solitude, et l'on n'en sortait point sans emporter avec soi un doux parfum des vertus qu'elle fait fleurir. Sans doute quand les gens du monde étaient dans la prospérité et dans la joie, il leur arrivait souvent de s'éloigner des moines et d'oublier, tout en leur conservant leur respect et leur admiration, leurs exemples importuns. Mais étaient-ils dans la douleur ? ils savaient les retrouver pour leur demander des consolations ; dans les ténèbres ? ils recouraient à leurs lumières ; dans les luttes de la tentation ? ils se recommandaient à leurs prières ; embrasés du désir d'une vie sainte ? ils venaient s'édifier de leurs entretiens et de leurs vertus.

Les moines eux-mêmes savaient, quand l'intérêt des âmes les appelait, sortir du cloître et se faire apôtres, célébrer l'office divin pour les fidèles, leur administrer les sacrements, les édifier et les instruire par leurs prédications. Mais n'eussent-ils fait que traverser le monde, leur air à la fois austère et doux, leur recueillement, leur robe de bure, tout en eux prêchait le sacrifice et l'amour de Notre-Seigneur.

La vue seule de ces monastères qu'on rencontrait partout, au fond des vallées et au sommet des montagnes, au sein des cités populeuses et au milieu des bois, le long des grands chemins et

dans les lieux solitaires, n'éveillait-elle pas des
sentiments généreux, des sentiments chrétiens ?
Qui avait élevé ces murs ? N'était-ce pas le besoin
de s'immoler par amour ? Qui les habitait ? N'était-
ce pas des hommes voués par état à la pénitence et à la prière, c'est-à-dire au sacrifice inspiré par l'amour ? Il s'exhalait de chacune des
pierres de ces murs bénis comme un arôme
qui allait imprégner l'atmosphère de sacrifice et
d'amour.

De temps en temps aussi cet ardent amour de
Notre-Seigneur qui produit les dévouements sublimes sortait du cloître vivant et en quelque sorte
personnifié dans un moine à la parole ardente,
et, se répandant avec l'impétuosité d'un incendie,
il enfantait ces œuvres admirables qui firent la
grandeur du xi⁰ siècle, la grandeur du xii⁰, la
grandeur du moyen âge tout entier. On pourrait
dire en toute vérité en empruntant les paroles que
nous citions tout à l'heure : *Ce sont les moines
qui ont fait la grandeur du moyen âge; ce sont
eux qui ont fait les croisades.*

Bientôt en effet nous allons voir l'occident s'é-
branler à la voix d'Urbain II et se précipiter sur
l'Orient pour délivrer le tombeau du Christ. Mais
qu'était-ce qu'Urbain II ? N'était-ce pas un moine
assis dans la chaire pontificale? Et cinquante ans
plus tard qui jettera sur ces mêmes plages d'Orient
des armées entières frémissant d'un chevaleresque
enthousiasme inspiré par une foi sublime ? Un

moine encore, le plus puissant et le plus grand de tous, l'incomparable saint Bernard.

Anselme, lui, n'a pas reçu comme son illustre frère de Cîteaux la mission de prêcher la croisade. Il doit seulement la préparer en propageant les vocations religieuses. Peupler le cloître de saints moines, c'est là sa croisade à lui. Il ne cessera de la prêcher pendant sa vie tout entière. Plus tard cependant l'évêque éclipsera le moine et le zélé propagateur des vocations monastiques disparaîtra en quelque sorte derrière l'intrépide défenseur des droits de l'Église et du Saint-Siége.

CHAPITRE XXIV

Prédications de saint Anselme : il est l'orateur du cloître.

Dieu avait départi à notre saint pour l'aider à
remplir sa mission les dons les plus riches et les
plus variés : le plus précieux de tous fut le don
d'une éloquence qui semblait faite en quelque sorte
tout exprès pour le cloître.

Anselme ne possédait point cette éloquence
véhémente et impétueuse qui remue les masses ;
mais ses paroles pleines de douceur et d'onction
pénétraient les âmes. Il ne forçait jamais sa voix,
ne lui donnait même pas d'éclat, mais seulement
des inflexions modestes propres à favoriser le recueillement. Son timbre pur et harmonieux dis-
tillait goutte à goutte des sons délicats et suaves
que l'on eut pris pour un écho de la musique cé-
leste. C'est au point que plus tard la pieuse reine
Mathilde émerveillée et ravie de cet organe angélique écrira au saint, pour le supplier de ne pas
s'exposer par ses jeûnes excessifs à perdre « cette
« voix harmonieuse et suave qui avait l'habitude

« d'annoncer la parole de Dieu sur un ton beau,
« doux et calme (1). »

Le calme était un des traits distinctifs de la parole du saint. Sa figure majestueuse, noble et imposante, était toujours sereine. Pendant qu'il parlait, son œil ardent et doux semblait contempler les choses invisibles, mais sans transport. Parfois un rayon de l'infini passait sur cette figure pâle et amaigrie et la transfigurait subitement : c'est qu'il peignait les splendeurs du ciel et les grandeurs de Dieu.

Le saint prédicateur n'est jamais plus éloquent que lorsqu'il prend son essor vers les régions sublimes du dogme. Un mot du texte qu'il commente suffit pour lui ouvrir de magnifiques horizons et lui faire déployer ses ailes. Il explique par exemple la scène de la Transfiguration, et il arrive à cette parole de l'Évangile : *Une nuée les couvrit;* qu'est-ce que cette nuée ? se demande le saint. Et après avoir rappelé la belle explication de saint Denis d'après laquelle cette nuée est la lumière même dans laquelle Dieu habite, lumière que sa clarté suréminente change en obscurité pour nous, il cite et paraphrase ces paroles du saint roi David: *L'obscurité est sous ses pieds, il est monté sur les chérubins, et il vole : il vole sur l'aile des vents. Il a placé les ténèbres au seuil de sa demeure* (2). « *L'obscurité*, dit-il, *est sous ses pieds,*

---

1. Cette lettre se trouve parmi celles de saint Anselme. *Libro* III, epist. 55.
2. Caligo sub pedibur ejus, etc. Ps. xvii.

« parce que ceux qui sont en bas ne voient point
« Dieu environné de cette clarté qui brille aux re-
« gards de ceux qui sont plus élevés. *Il est monté*
« *sur les chérubins et il vole.* Le mot *chérubin*
« veut dire plénitude de science : ainsi Dieu nous
« est représenté comme prenant son vol et s'éle-
« vant au-dessus de la plénitude de la science,
« parce que nulle science ne peut comprendre
« l'élévation de sa majesté. *Il vole* donc parce
« qu'il s'en va bien loin de notre intelligence.
« *Il vole sur les ailes des vents,* parce qu'il dé-
« passe la science des âmes. *Il a placé les té-*
« *nèbres au seuil de sa demeure,* parce que les
« ténèbres de notre infirme nature forment comme
« un voile d'ignorance qui nous empêche de le
« contempler présentement dans son éternelle et
« intime clarté. *Il a placé les ténèbres au seuil de*
« *sa demeure,* parce qu'en se fixant sur lui, le re-
« gard intellectuel de toute créature raisonnable
« s'obscurcit, et voit que tout ce qu'il peut com-
« prendre de lui est peu de chose, en comparaison
« de ce qu'il a la conscience d'en ignorer. *Une*
« *nuée et l'obscurité l'environnent,* parce qu'il est
« caché dans l'obscurité de son incompréhensi-
« bilité, et ne peut être connu de la nature qu'au-
« tant qu'il veut se révéler (1). »

Le saint montre ensuite que de « cette immense
« obscurité de l'incompréhensibilité de Dieu sort

1. Homil. IV.

« pour nous la connaissance élevée de la géné-
« ration du Fils éternel de Dieu dans laquelle le
« Père n'est point antérieur au Fils, ni le Fils pos-
« térieur au Père ; et c'est là ce que signifie cette
« voix qui sort de la nuée : *Celui-ci est mon Fils*
« *bien-aimé.* »

Mais il ne plane pas habituellement sur ces hauteurs. « Il faut prêcher les petites choses aux
« petits et les grandes aux grands, car chacun
« doit être enseigné selon la mesure de sa capa-
« cité », dit-il dans cette même homélie. Aussi
prend-il soin de se mettre au niveau de toutes les
intelligences.

La réputation du saint comme prédicateur se
répandit peu à peu dans les monastères de Normandie, et tous envièrent le bonheur d'entendre
ce jeune prieur du Bec dont on racontait des
choses si merveilleuses. Le saint sacrifia ses
goûts de retraite au bien des âmes et un grand
nombre de communautés purent jouir de ses
pieuses exhortations. Il nous en a conservé quelque chose dans ses homélies. L'une d'elles qui fut
prêchée plusieurs fois dans différents monastères
commente simplement la scène si connue où
l'Évangile nous montre le Seigneur Jésus à Bé-
thanie, dans la maison de Lazare et de ses deux
sœurs Marie et Marthe (1). Saint Anselme, comme

1. Homil. IX. Parmi les seize homélies du saint qui nous
ont été conservées, c'est la seule qu'on puisse rapporter avec
certitude à cette époque de sa vie. Plusieurs furent adressées

tous les saints Pères, trouve dans Marie assise aux pieds du Sauveur, tout absorbée par le bonheur de recueillir les paroles qui tombent de ses lèvres divines, le type de la vie contemplative et dans Marthe, occupée aux soins extérieurs, le type de la vie active. Puis il montre ces deux vies portées à leur plus haut degré et s'unissant avec une harmonie admirable dans la très-sainte Vierge. Cette conférence a pour but de faire l'éloge de la vie la plus parfaite qui n'est ni la vie active, ni la vie contemplative, mais l'union des deux, et plus encore l'éloge de la sainte Vierge qui est, après Notre-Seigneur, la plus haute personnification de cette vie parfaite.

Le saint prédicateur aimait particulièrement à exprimer sa pensée sous forme de parabole. En voici une qui pourra nous faire juger des autres.

Il se trouvait dans la plupart des monastères de cette époque deux sortes de moines. Les uns avaient embrassé la vie religieuse après avoir vécu quelque temps dans le siècle. On les appelait les *convers* (conversi) ; les autres, élevés dès leur enfance à l'ombre du cloître s'appelaient les *nu-*

au peuple, pendant qu'il était archevêque de Cantorbéry. Ces homélies, telles qu'on les lit dans le Recueil des *OEuvres* de saint Anselme, ne sont que des canevas et des fragments. Ces pages froides et décolorées ne font guère que reproduire en abrégé le fond d'idées qu'il développait de vive voix. Nous n'en avons que seize et elles sont mutilées, incomplètes, semblables à des notes éparses. Si l'on faisait pour les *OEuvres* de saint Anselme le travail que le Père de Fanna fait pour les *OEuvres* de saint Bonaventure, on retrouverait probablement en grand nombre les vraies homélies de notre saint.

triti. Il s'élevait parfois entre ces deux catégories de religieux de regrettables rivalités. Les *nutriti* se préféraient aux *convers* parce que, disaient-ils, ils avaient conservé une plus grande innocence, une plus grande fraîcheur d'âme, loin des usages du monde. Les *convers* de leur côté méprisaient les *nutriti* comme dépourvus de la connaissance du monde, sans expérience et sans aptitude pour les affaires. Pour réprimer les prétentions des uns et des autres et les mettre tous d'accord par une fraternelle humilité, Anselme avait recours à cet ingénieux apologue que n'eût point désavoué Ménénius Agrippa.

« Si vous êtes de bons moines, leur disait-il,
« vous imiterez la conduite des anges et des
« saints dans le ciel. Les anges sont dans le ciel
« comme des *nutriti*, et les saints en qualité de
« *convers*. Mais les anges ne méprisent point les
« saints parce qu'ils ont quelquefois succombé à
« la tentation ; et les saints ne méprisent point les
« anges parce qu'ils n'ont jamais eu l'occasion de
« vaincre aucune tentation. Si l'archange Michel
« disait à saint Pierre : Vous avez renié votre
« Maître ! saint Pierre pourrait lui répondre : C'est
« vrai ; mais vous, vous n'avez pas même enduré
« un seul soufflet pour l'amour de ce Maître !
« Non ; ils n'en agissent point de la sorte : ils
« sont au contraire aussi parfaitement d'accord
« que s'ils étaient tous des anges ou tous des
« hommes. Ils vivent entre eux comme s'ils

« étaient tous des *nutriti* ou tous des *convers* (1). »

Inspirer aux moines l'amour de leur sainte vocation et faire régner parmi eux l'esprit religieux dans toute sa pureté, tel était le but constant des prédications du saint : il était vraiment le prédicateur du cloître.

1. *De simil. S. Ans.* LXXVIII.

CHAPITRE XXV

Dans ses conversations, le saint se sert de tout ce qu'il rencontre pour porter à Dieu ceux qui l'entourent et leur inspirer l'amour de la vie religieuse.

« Anselme était éloquent même dans le langage ordinaire », dit un historien contemporain (1). Il se servait de cette éloquence pour parler continuellement des choses de Dieu. « On dit de saint « Martin, remarque Eadmer, que le Christ ne fit « jamais défaut à ses lèvres non plus que la jus- « tice et tout ce qui avait rapport à la vraie vie ; « nous affirmons sans hésiter qu'on peut dire la « même chose en toute vérité du Père Anselme. « Et à ce propos le lecteur remarquera facilement « que ce n'était pas sans présage qu'il avait été « nourri autrefois à la table du Seigneur d'un « pain d'une blancheur éclatante. »

Anselme devait la facilité avec laquelle il parlait de Dieu à son habitude de s'élever à lui par le spectacle des choses créées. Pendant que les yeux de son corps regardaient le monde visible, les

1. Guillaume de Malmesbury.

yeux de son âme contemplaient constamment le monde invisible ; il voyait dans le premier le reflet du second, et son intelligence et son cœur, par un flux et reflux mystérieux, allaient incessamment de l'un de ces mondes à l'autre, découvrant sans cesse entre eux les plus suaves et les plus touchantes harmonies. Toutes ces harmonies le portaient lui-même et l'aidaient à porter les autres à la méditation des vérités de l'ordre surnaturel. La flamme d'un incendie activée par le vent lui faisait comprendre et lui fournissait une comparaison pour expliquer à ceux qui l'entouraient l'efficacité d'un pieux avis pour exciter dans une âme la flamme de l'amour divin (1). Le jardinier qui examine son jardin et cherche les endroits les plus convenables pour y planter ses fleurs était pour lui l'image du chrétien qui doit explorer le jardin de son cœur pour y faire croître les fleurs des différentes vertus (2). Les chasseurs que les moines rencontraient fréquemment dans la giboyeuse forêt du Bec élevaient également son âme vers les pensées de la foi. « Le « diable va tous les jours à la chasse, disait-il ; « il tient dans ses filets ceux qui n'ont pas le « regret de leurs fautes. Il est bien près de perdre « ceux qui commencent à pleurer les désordres « où la chair nous entraîne. Quant à ceux qui « sont guéris des blessures qu'ont pu leur faire

1. *Simil.*, CXLIX.
2. *Ibid.*, XCVII.

« les péchés de la chair et ceux de l'esprit, ils lui
« échappent complétement. Que les premiers
« commencent donc à pleurer ; que les seconds
« ne cessent pas de le faire; mais que les troi-
« sièmes se réjouissent (1). »

Voyait-il un bûcheron abattre de grands arbres
dans la forêt ? « De même que le bûcheron,
« disait-il, avant de mettre la cognée à la racine
« d'un grand arbre, commence par couper les
« petits arbustes qui se trouvent tout autour afin
« qu'ils ne l'embarrassent pas, de même celui qui
« veut déraciner de son âme un vice grave et
« faire disparaître les traces d'une grande faute,
« doit d'abord en extirper certains défauts plus
« légers qui pourraient mettre-obstacle à la des-
« truction d'un vice considérable (2). »

C'est ainsi que dans les récréations qu'il prenait
avec ses frères, dans ses voyages, dans ses conversations avec les gens du monde, partout et toujours, l'âme du saint se dirigeait vers Dieu par
son habitude de la contemplation et y entraînait
les autres par des discours qui respiraient à la fois
l'onction de la piété et le charme de la poésie.

Mais dans ces discours le saint ramène tout vers
son grand but. Tout le lui rappelle. Tout ce qu'il
voit, tout ce qu'il rencontre lui sert de texte pour
le rappeler aux autres. Rencontre-t-il au jardin
ou dans la campagne de petits papillons ? « Voyez,

1. *Ibid.*, CLXXXIV.
2. *Ibid.*, CXLVI.

« dit-il aussitôt à ceux qui l'entourent, ceux qui
« recherchent les honneurs du monde sont des
« enfants qui poursuivent des papillons. Tandis
« qu'au lieu de regarder à leurs pieds ils tiennent
« les yeux attachés sur le papillon, ils tombent
« dans un fossé et se blessent grièvement. Mais
« quelquefois ils sont tout près de saisir les papil-
« lons. Nous les aurons ! Nous les aurons ! se
« disent-ils les uns aux autres dans leur folle joie.
« Et voici que tout d'un coup les papillons s'en-
« volent. Enfin s'il leur arrive de les prendre, ils
« se réjouissent de ces riens, comme s'ils avaient
« obtenu un grand avantage (1). » Aperçoit-il
un de ces châteaux forts si nombreux dans ce
temps-là ? Cette vue lui suggère aussitôt une belle
allégorie dont nous ne rapporterons que quelques
traits : « Un roi possède dans une ville un châ-
« teau, et dans la partie supérieure du château
« un donjon. Dans la ville elle-même on trouve
« bien quelques maisons solides, mais il y en a
« un plus grand nombre qui ne le sont pas. Le
« château au contraire est si bien fortifié que qui-
« conque s'y retire est à l'abri des coups, s'il n'en
« sort. Quant au donjon on s'y trouve dans une
« telle sécurité qu'une fois qu'on y est monté on
« ne veut plus en redescendre.... Ce roi c'est
« Dieu ; il a dans son royaume le christianisme,
« et dans le christianisme la vie religieuse et au-

----

1. *Similit.*, LXXII.

« dessus de la vie religieuse plus rien sinon la
« vie des anges. Dans le christianisme (1) quel-
« ques-uns sont fermes dans la vertu, mais un
« plus grand nombre ne le sont pas. Dans la vie
« religieuse au contraire on trouve des remparts
« qui garantissent des coups du démon ceux
« qui s'y réfugient pourvu qu'ils n'en sortent
« plus (2). »

Dans la pensée du saint la grâce dont il ornait
ses discours familiers était comme l'appât que le
pêcheur attache à son hameçon. Combien d'âmes
y furent prises et gagnées pour le cloître !

1. Christianisme n'est pas l'expression qui conviendrait ici;
mais nous traduisons, nous n'embellissons pas. Il faut entendre
par christianisme, en ce passage, l'ensemble de ceux qui font
profession d'être simples chrétiens, ou plutôt ceux qui ne sont
pas religieux. In suo regno habet *christianismum*.
2. *Simil.*, LXXVI.

CHAPITRE XXVI

Saint Anselme directeur des âmes : il les dirige, autant que
possible, vers le cloître.

Avec le don d'une éloquence persuasive, saint
Anselme en reçut un autre qu'Eadmer nous dé-
peint en ces termes : « On voyait briller en lui
« une si grande puissance de bon conseil qu'on
« ne pouvait s'empêcher de croire sans hésiter,
« que l'esprit de conseil habitait dans son
« cœur (1). »

Dans quelque position difficile, dans quelque
obscurité, dans quelque état d'âme, dans quelque
inextricable perplexité qu'on pût se trouver, on
n'avait qu'à s'adresser au saint prieur ; d'un mot
il éclaircissait tout, débrouillait tout, calmait les
agitations, enlevait les incertitudes et donnait une
de ces décisions nettes et fermes qui suffisent
pour ramener la paix et le bonheur dans une âme
et parfois même pour assurer le repos d'une vie
tout entière. Aussi recherchait-on ses entretiens
particuliers avec plus d'empressement encore que

1. Eadm., *V. S. Ans.*, lib. I.

ses exhortations publiques. « On avait coutume « de regarder comme une réponse venant de Dieu « même tout ce qui sortait de sa bouche (1). » Dans tous les monastères qu'il visitait il n'était pas un religieux qui ne voulût lui ouvrir son âme et prendre ses avis. Un grand nombre venaient eux-mêmes au Bec implorer ses lumières. Ceux qui ne pouvaient le consulter de vive voix lui écrivaient.

Suis-je obligé par mes vœux de rester dans le monastère où j'ai fait profession ? lui demande un moine qui vit au milieu d'une communauté où la règle n'est plus observée. Restez, répond Anselme. Prenez patience et priez : Dieu vous aidera (2).

Retournez auprès de vos religieux, écrit-il à un abbé qui poursuivi par la calomnie a perdu courage et s'est enfui (3).

Un seigneur excommunié persiste à vouloir prendre part à l'office divin dans un monastère dont l'abbé est son vassal. Que faire ? demande l'abbé. User d'abord d'avertissements charitables, répond Anselme. « Mais s'il méprise vos avertissements, vous savez qu'il faut plus craindre Dieu que les hommes (4). »

Ce n'étaient pas seulement des religieux qui recouraient ainsi aux lumières du saint. Attirés par sa réputation toujours croissante, des prêtres séculiers, de jeunes clercs, des hommes et des

1. *Ibid.*
2. I, 6.
3. I, 53.
4. I, 56.

femmes du monde, de riches seigneurs, des hommes d'armes, des jeunes gens au cœur généreux mais facile à séduire, des âmes ardentes et cherchant leur voie, des âmes sollicitées par la grâce et se débattant contre le vent du ciel, des âmes fatiguées des orages du monde, des âmes agitées de tentations ou de remords ou bien ulcérées par des peines de tout genre, consultaient le saint de vive voix ou par écrit. Fidèle à sa mission, Anselme livrait à tous avec une condescendance sans bornes les trésors que Dieu avait mis en lui pour la conduite de tous. Dieu en effet avait accordé à son serviteur, ces grâces de choix qui font les grands directeurs des âmes. « Inondé « d'une lumière intérieure et favorisé d'une sa-« gesse tout à fait perspicace, il démêlait et péné-« trait les mœurs de tout sexe et de tout âge, de « sorte qu'à entendre ses avis, vous eussiez cru « qu'il révélait à chacun de ceux qu'il dirigeait « les secrets de leur propre cœur. En outre, il dé-« couvrait les origines et pour ainsi dire les se-« mences et les racines, comme aussi la manière « de se développer de toutes les vertus et de tous « les vices, et quand il montrait comment il faut « acquérir les unes et éviter les autres, il était « plus clair que le jour (1). »

La direction du saint, tout en étant adaptée à l'âge, aux besoins et à la condition de chacun,

____

1. Eadm., *Vit. S. Ans.*, lib. I.

avait cependant une tendance bien caractéristique et bien accentuée : elle était surtout monastique. Parmi tous ses conseils, il en est un qui domine tous les autres, vers lequel tous les autres convergent comme vers leur centre, et qui revient à chaque instant sur ses lèvres ou sous sa plume. Quelle que soit la personne avec laquelle il traite, il ne manque jamais de lui adresser cette exhortation qui, tantôt sous une forme, et tantôt sous une autre, fera comme le fond de son apostolat : Fuyez, fuyez le monde ! Si vous le pouvez, fuyez-le jusqu'au cloître. Là est la sécurité pour le salut ; là est la paix et le bonheur ! Si vous ne pouvez quitter effectivement le siècle, fuyez-le du moins jusqu'au mépris de ses vanités, de ses richesses, de ses plaisirs, de ses honneurs, jusqu'au mépris de vous-même. Soyez moine par le cœur !

Cette exhortation, le saint n'attend pas qu'on la lui demande : la moindre occasion la fait jaillir de son cœur. Ainsi il écrit à Humfrid, professeur en réputation qui enseigne dans le siècle, en lui envoyant un élève ; il termine sa lettre, suivant son habitude, en s'efforçant d'inspirer à ce séculier l'horreur du monde et l'amour du cloître. Ce n'est qu'un mot jeté en passant, mais qu'il est vif ! C'est une étincelle qui sort d'un immense incendie. « Souvenez-vous, mon très-cher, et re- « passez continuellement dans votre esprit ces « paroles de l'Écriture : *N'aimez point le monde* « *ni ce qui est dans le monde, parce que le monde*

« *passera ainsi que sa concupiscence. Les amis de*
« *ce siècle deviendront les ennemis de Dieu.* Je
« vous en prie, je vous en conjure, ne vous fiez
« pas au monde, même quand il vous prodiguera
« ses faveurs ; car il ne vous les prodigue point
« pour vous caresser, mais pour vous étouffer. Le
« monde est dans les ténèbres. Sa gloire n'est pas
« de la gloire ; c'est un feu qui dévore ! O mon
« très-cher, n'allez pas, non, n'allez pas vous
« mettre à courir après elle, comme le papillon
« qui vole vers la flamme pendant la nuit ! Car
« elle n'amuse d'abord par son éclat que pour tor-
« turer ensuite par ses brûlures. Oh ! que vous
« seriez plus sage, que vous seriez plus heureux,
« si vous quittiez le monde pour suivre le Christ !
« Quand Notre-Seigneur viendra dans sa majesté,
« vous jugeriez le monde avec lui, vous recevriez
« le centuple, vous posséderiez la vie éternelle !
« Fasse le ciel que mes vœux se réalisent ! Ainsi
« soit-il (1) ! »

1. J, 72.

CHAPITRE XXVII

Le saint faisait en quelque sorte le siége des
âmes. En connaissait-il quelqu'une travaillée par
la grâce, il lui livrait assaut ; il examinait d'abord
avec soin ses endroits faibles, puis il déployait
toutes ses batteries et ne cessait le combat que
lorsqu'il avait remporté la victoire.

Mais le plus souvent il jetait lui-même le premier, le brandon enflammé qui devait allumer
l'incendie. Il s'attachait surtout à gagner les
jeunes gens. Plusieurs venaient au Bec unique-
ment pour jouir des entretiens du saint, sans
songer à se faire religieux, et se trouvaient tout
d'un coup pris dans ses filets. L'exemple le plus
frappant en ce genre est celui du jeune Bozon.

Bozon était issu d'une famille noble de Monti-
villers en Normandie. Il avait conservé dans le
monde une grande innocence : néanmoins il
n'avait aucun désir de la vie religieuse. L'étude
était sa grande passion. Comme il se trouvait em-
barrassé par plusieurs questions difficiles dont

personne ne pouvait lui donner la solution, il vint trouver le savant professeur du Bec. « Il s'en-
« tretint avec lui et lui fit part de toutes ses diffi-
« cultés — c'est maintenant Eadmer qui parle —
« et il reçut de lui tous les éclaircissements qu'il
« désirait sans l'ombre de crainte d'être induit en
« erreur. Il fut saisi d'admiration pour Anselme
« et il se prit à l'aimer avec passion. Il voulut
« goûter de nouveau ses entretiens. Il se sentit
« bientôt incliné au mépris du monde, et il se fit
« moine au Bec. Son entrée en religion et sa piété
« excitèrent l'envie du démon ; il l'assaillit des
« tentations les plus terribles ; des pensées de
« toute sorte se succédaient dans son esprit et le
« remplissaient de trouble ; la tempête fut si vio-
« lente que le pauvre novice avait à peine sa
« raison. Plusieurs jours se passèrent ainsi ; la
« tentation prenait des proportions de plus en
« plus effrayantes. Alors le novice rempli de
« trouble alla trouver Anselme et lui découvrit
« les agitations de son âme. Quand le saint eut
« tout compris, il se contenta de lui dire avec
« bonté : Que Dieu vous soit en aide ! puis il le
« congédia aussitôt. A l'heure même, Bozon re-
« couvra une tranquillité parfaite, au point d'être
« subitement changé en un autre homme ainsi
« qu'il me le rapportait lui-même, d'une manière
« qui dépasse tout ce qu'on peut croire (1). »

1. *Vit. S. Anselm.*, lib. I.

Bozon fut un des amis les plus intimes du saint qui le chérissait également à cause de sa rare intelligence et de sa grande piété ; il devint dans la suite prieur, puis abbé du Bec.

Le saint rencontre-t-il une âme qui se débat entre le monde et le cloître, il lui écrira : « Consi-
« dérez donc, mon doux ami, quelque grande que
« puisse être la gloire mondaine dont vous aurez
« joui, quelle en sera la fin, le fruit, la récom-
« pense, et quelle est au contraire l'attente
« de ceux qui foulent aux pieds la gloire du
« monde !

« Que si vous dites : il n'y a pas que les moines
« qui se sauvent, vous dites vrai. Mais quels sont
« ceux qui se sauvent plus sûrement ? Ceux qui
« s'efforcent d'aimer Dieu seul, ou bien ceux qui
« s'efforcent d'unir l'amour de Dieu et l'amour du
« siècle ?

« Mais, dira peut-être quelqu'un, on trouve des
« dangers même dans la vie monastique. O homme
« qui parlez ainsi, pourquoi ne faites-vous pas
« attention à ce que vous dites ? Oh ! nature rai-
« sonnable ! Est-il raisonnable, parce qu'il y a des
« dangers partout, de prendre le parti de se fixer
« là où il y a le plus de dangers ?

« ... Mais, disent un grand nombre, Dieu con-
« çoit une plus grande colère contre un moine
« qui pèche parce qu'il tombe de plus haut. —
« Cela est vrai tant qu'il est dans le péché. Mais
« assurément Dieu reçoit avec plus de bonté et

« avec une familiarité plus grande le moine péni-
« tent qui revient à son genre de vie qu'il ne
« recevrait un pécheur converti qui n'ayant pas
« fait profession de ce genre de vie n'y retour-
« nerait pas. En effet, même après un péché
« grave, celui dont les résolutions tendent à la
« perfection la plus grande possible est plus
« agréable à Dieu que celui qui, ni avant ni après
« son péché, n'a jamais aspiré à une perfection
« semblable.

« Si donc il est préférable soit pour les inno-
« cents, soit pour les pénitents, d'embrasser la vie
« monastique ou de la reprendre que de s'en
« éloigner, pourquoi tardez-vous? Si en attendant
« vous êtes enlevé de cette vie, le mal est irrépa-
« rable.

« J'aurais beaucoup à vous dire, mon très-cher,
« sur les profondeurs et les garanties, sur la tran-
« quillité et les charmes de la vie monastique,
« si je ne craignais de dépasser les bornes d'une
« lettre. Hâtez-vous donc de jouir d'un si grand
« bien parce qu'aucun autre ne vous donnera
« plus de facilité de vous approcher du souverain
« bien.

« J'en ai vu plusieurs qui promettaient de le
« faire et qui remettaient, emportés par une mort
« imprévue qui les a empêchés de terminer ce
« qui les arrêtait et de commencer ce qu'ils pro-
« mettaient. Je redoute grandement que le même
« malheur ne vous arrive. Mais que Dieu l'éloigne

« de vous, mon très-cher. Adieu, et ne tardez
« pas (1) ! »

Anselme, on le voit, parle de l'abondance du
cœur et en homme qui connaît son siècle. Même
alors, le plus souvent, on n'arrivait pas au cloître
sans lutte et sans efforts. Les passions, l'ignorance, les préjugés multipliaient les obstacles sous
les pas de ceux qui aspiraient à se consacrer à
Dieu. Le saint excellait à briser tous ces obstacles,
et à réfuter toutes les objections. « Vous me dites,
« écrit-il à un homme d'armes qu'il travaille à
« gagner à la vie monastique, vous me dites, frère
« très-désiré : ce n'est pas que j'aime toutes ces
« vanités mondaines, mais j'aime mon père que
« je vois enlacé par elles et je m'empresse de me
« réunir à lui afin de pouvoir l'aider et veiller sur
« lui. O malheur ! O douloureuses inquiétudes
« nées de l'erreur féconde en préoccupations des
« fils d'Adam ! Pourquoi donc, ô homme, pour-
« quoi ne dis-tu pas plutôt : je n'aime point ces
« vanités, mais le Christ mon Dieu ? Voilà pour-
« quoi je les fuis et je m'empresse de m'élancer
« vers Lui pour qu'il m'aide et qu'il veille sur
« moi ! Eh quoi ! vous entendez le fracas du
« monde qui s'écroule sur votre père, et mépri-
« sant le Christ qui vous appelle, vous courez
« vous ensevelir sous les ruines afin de pouvoir,
« vous homme petit et misérable, vous petit ver

1. II, 29.

« de terre, secourir au milieu de cet effondre-
« ment, un autre homme petit et misérable, un
« autre ver de terre ! Frère, répondez-moi, qui
« vous gardera pendant que vous garderez votre
« père ? Le Dieu que vous abandonnez pour suivre
« votre père (1) ? »

Il touche successivement toutes les cordes.
Tantôt il fait appel à la foi, tantôt à la raison,
tantôt au sentiment. Il sait, au besoin, se servir
de l'affection qu'il inspire comme d'une amorce.

« Par où commencerai-je ma lettre, écrit-il à
« un homme du monde qui réclamait avec ins-
« tance une place dans son amitié, par où com-
« mencerai-je ma lettre à un ami très-affectionné
« que je paie de retour, sinon par ce qu'il de-
« mande si instamment de mon affection ?... Oui,
« mon très-cher, oui je vous aime si ardemment
« que, si je ne vous possède, mon cœur ne sera
« point consolé, mon désir ne sera point satisfait.
« En me pressant de vous aimer, vous le faites
« avec une si grande affection et de si vives ins-
« tances qu'il me devient impossible de vous
« aimer seulement de cœur ; vous me mettez
« dans la nécessité de désirer de vous avoir près
« de moi. Et rien ne peut consoler celui que tour-
« mente un pareil désir, excepté ce qui le sa-
« tisfait ; rien aussi n'augmente son tourment
« autant que le retard. Votre affection souhaite

1. II, 19.

« d'être consolée en recevant une lettre de moi :
« pour moi, mon affection soupire après le bonheur
« de jouir de votre présence.

« Si donc vous ne voulez pas torturer mon âme,
« satisfaites ce désir que vous avez mis tant d'em-
« pressement à allumer en moi. Comment pouvez-
« vous dire que vous m'aimez et permettre que
« mon cœur ne puisse vous aimer sans être ainsi
« mis à la torture? Enfin si votre âme est em-
« brasée du même amour que la mienne, elle doit
« se fondre sous l'impression du même désir. Mais
« comment est-il possible que vous désiriez être
« aimé de moi sans vouloir m'aimer aussi? Ne
« soyez donc pas cruel à l'égard de mon âme
« et de la vôtre ; mais venez, consolez mon âme
« et la vôtre.

« Mais quand vous serez sorti de votre cité,
« soyez comme Loth, ne regardez pas en arrière.
« Ayez des yeux par devant pour distinguer le
« chemin qui conduit à la solitude ; n'en ayez
« point par derrière, et oubliez le chemin par où
« l'on s'en retourne (1). »

Un novice récemment arrivé au Bec parle au
saint d'un jeune seigneur de ses amis aussi distingué par sa piété que par sa naissance. Anselme
se prend aussitôt à envier cette conquête, et il
lui écrit pour l'engager à se faire moine. « Si la
« grâce divine, lui dit-il en terminant sa lettre, si

1. II, 25.

« la grâce divine — puissent mes yeux être té-
« moins de ce bonheur — vous inspirait la réso-
« lution de vous conformer à mon désir, et de
« choisir pour exécuter votre dessein le monas-
« tère où j'habite, et de vous mettre sous ma di-
« rection, déjà mon âme se dilate pour vous
« embrasser, et elle s'élance au-devant de vous
« en entonnant un cantique de joie. Mon cœur
« est prêt, ô mon bien-aimé, mon cœur est
« prêt (1) ! »

Le zèle de notre saint pour propager la vie religieuse ne se bornait pas aux hommes. Il avait
également à cœur le salut et la perfection des
femmes. Quelquefois de pieuses dames venaient
se consacrer à Dieu dans un couvent assez rapproché de celui des moines afin de pouvoir pro-
fiter de leur direction. C'est ce qui arriva pour
le Bec.

Des femmes du plus haut rang, désireuses de se
placer sous la direction du saint, se retirèrent dans
le voisinage du Bec, et y formèrent une communauté religieuse dont Anselme était le premier
supérieur.

C'est ainsi par exemple qu'un seigneur de Normandie, Hugues de Gournay, s'étant fait moine au
Bec, sa femme Basilée et sa mère Amfride le suivirent dans sa retraite. La veuve du vicomte du
Vexin Willerm Crespin, nommée Ève, se retira

1. II, 39.

également dans cette solitude après avoir fait don
à la sainte Vierge de tous ses biens. Ces nobles
dames moururent toutes les trois, chacune un des
premiers dimanches de l'année 1089, avec de
grands sentiments de piété. Après avoir vécu
dans une intime union sur la terre, elles semblaient s'être entendues pour se retrouver prompt-
tement dans le ciel.

CHAPITRE XXVIII

Apostolat du saint auprès de sa famille.

Le saint moine du Bec n'oubliait pas son cher pays d'Aoste et les parents qu'il y avait laissés. Son père Gondulfe était mort depuis plusieurs années. Mais il lui restait ses oncles Lambert et Folcerade auxquels il avait voué une affection si vive et si constante qu'il ne pouvait, après bien des années de séparation, leur écrire sans pleurer.

« Plût à Dieu que mes oncles pussent sentir en
« lisant ma lettre quelle affection mes yeux té-
« moignent en l'écrivant. Dès les premiers mots,
« mon cœur s'est montré plus prompt à répandre
« des larmes que ma plume à former des lettres.
« De même que ni l'éloignement du temps, ni la
« distance des lieux n'ont pu enlever à mon corps
« ce qu'il a reçu de votre famille en naissant et
« de votre nourriture en croissant en âge, de
« même aucune sollicitude, aucune occupation
« d'esprit ne peut diminuer l'affection que la na-
« ture et vos bienfaits m'ont inspirée. C'est pour-
« quoi mon âme a continuellement soif de voir
« jouir du bonheur ceux pour lesquels mon cœur

« brûle incessamment d'amour. Je vous prie donc
« de vouloir bien faire parvenir à votre fils par le
« porteur de cette lettre des nouvelles de votre
« santé. Il pourra aussi vous donner des miennes
« autant que vous le désirerez (1). »

Mais le saint aimait ses oncles en apôtre de la
vie monastique. « Je tiens pour certain que vous
« ne m'aimez pas moins que je vous aime moi-
« même, leur dit-il dans une autre lettre. Quant
« aux souhaits que je forme pour vous, je prie
« Celui qui me les inspire, et à qui je les confie et
« qui seul les connaît, de vous les révéler, et de
« vous les faire goûter dans la mesure où il sait
« que cela vous est avantageux. Cependant je veux
« vous exprimer quelques-uns des sentiments
« dont mon âme surabonde. Il n'est rien que je
« craigne pour vous plus que l'amour du monde ;
« oui, je redoute surtout que vous endormant
« jusqu'à la fin vous ne persévériez dans la vie
« du siècle, et qu'à votre réveil, quand tout sera
« fini, vous ne trouviez, comme tous les hommes de
« richesses, absolument rien dans vos mains (2). »

Le saint n'aimait pas moins ses cousins. Folcerade, l'un d'eux, embrassa la vie religieuse en son
pays et vint passer quelque temps au Bec ; mais il
fut bientôt rappelé par l'abbé sous lequel il avait
fait profession et qui tenait tout particulièrement
à lui. Anselme fit les plus vives instances pour le

1. I, 18.
2. I, 45.

lui arracher. Voyant qu'il ne pouvait y réussir par ses propres efforts, il le fit demander jusqu'à deux fois par Herluin, puis par Guillaume-le-Bâtard lui-même. Tout fut inutile. Anselme se consolait en écrivant à son cher Folcerade.

« J'ai pensé un instant, lui dit-il dans une de
« ses lettres, j'ai pensé un instant à aller vous
« trouver moi-même. Je me serais jeté aux pieds
« de votre vénérable abbé, et là, dans l'attitude la
« plus humble possible, je l'aurais supplié de ne
« pas séparer ou plutôt de ne pas briser deux
« âmes — je parle de vous et de moi — unies par
« des liens si étroits de la chair et de l'esprit.
« Mais la guerre sévit en France avec une telle
« fureur, des hommes pervers s'y livrent à de telles
« violences que je ne saurais exposer à de si grands
« dangers ni moi-même, ni aucun autre moine (1). »

Quand Folcerade écrivait à Anselme il ne manquait pas de lui donner des nouvelles de leur famille. Il lui apprit un jour que son cousin Pierre désirait beaucoup le voir ; il lui faisait en même temps l'éloge de la conduite irréprochable et des heureuses dispositions de ce jeune homme. Anselme transporté de joie écrivit aussitôt à ce cher cousin :

« Je ne saurais vous dire, mon très-cher, de
« quelle joie mon cœur a tressailli en apprenant
« de mon cher frère et cousin dom Folcerade que

1. I, 46.

« vous faites de jour en jour de nouveaux progrès
« dans les bonnes mœurs. Ma joie s'est sensible-
« ment accrue lorsqu'il m'a dit que vous désirez
« me voir. Je me rappelle et je conserve avec soin
« la grande amitié qui m'unissait jadis à votre
« grand-père, à votre père et à votre mère, et
« l'immense affection que j'éprouvais pour vous,
« quand vous étiez encore petit enfant. Je ne cesse
« de désirer pour vous, tout ce qu'il y a de mieux
« et je me réjouis au plus haut point quand j'en-
« tends dire du bien de vous. Enflammé du désir
« de vous posséder en Dieu, je le prie de nous
« accorder la grâce de vivre ensemble pendant
« cette vie afin de pouvoir jouir ensemble de la
« gloire dans la vie future. Aussi, je vous y en-
« gage, je vous en prie, je vous en supplie, mon
« très-cher, tenez pour vrai ce qu'a dit la Vérité
« même, et mettez-vous à aimer ce qu'elle a
« promis à ceux qui renoncent au monde pour
« Dieu.... Si Dieu vous inspire cette résolution,
« je vous en prie, mon très-cher, ne vous laissez
« pas rebuter par les difficultés du voyage, et
« n'hésitez pas à venir auprès d'un ami et d'un
« parent qui vous désire (1). »

Il est doux pour notre saint, on le voit, de se
reporter aux souvenirs de son adolescence, à ces
heureuses années passées à Aoste, au milieu de
personnes chéries, avant les orages de la jeunesse

____
1. I, 47.

Tout ce qui vient d'Aoste lui va au cœur et le porte à aimer ; mais il aime en apôtre de la vie religieuse : il ne sait plus, il ne peut plus aimer autrement. A ses yeux, le cloître recèle tant de bonheur et la vocation monastique est une faveur si précieuse qu'il ne peut s'empêcher de la souhaiter à tous ceux qui lui sont chers.

Plus tard, pendant un de ses voyages en Angleterre, Anselme apprit un jour que ses deux autres cousins, Haymon et Raynaud, étaient venus au Bec pour le voir. Il se flatte aussitôt de l'espoir de les y retenir. Mais pour cela, il faut qu'il les voie, qu'il leur parle de vive voix ; il faut donc qu'ils attendent son retour. Il tremble qu'ils ne lui échappent, et il leur adresse cette lettre éloquente où l'on ne sait ce qu'on doit le plus admirer du zèle ou de la tendresse :

« Quand j'ai appris, âmes très-chères à mon âme,
« et qu'elle aime comme soi-même, et auxquelles
« elle souhaite ce qu'elle désire pour soi-même,
« quand j'ai appris que vous étiez venus de si loin
« pour me voir, je ne saurais vous dire quelle grande
« joie a rempli mon cœur, et quelles douces espé-
« rances j'ai conçues de vous, et combien le désir
« ardent que j'avais de vous posséder est devenu
« plus ardent encore. Déjà mes yeux désirent vive-
« ment contempler vos traits, mes bras s'étendent
« pour vous embrasser, mes lèvres soupirent après
« vos baisers, tout ce qui me reste de vie est con-
« sumé du désir de m'entretenir avec vous....

« Goûtez, ô cœurs très-aimants, combien le Sei-
« gneur est doux ! Vous ne pouvez le savoir tant
« que vous trouverez de la douceur dans le
« monde....

« Mais pourquoi tarder à vous exprimer ouver-
« tement le désir de mon cœur ? Je parlerai donc :
« que Dieu vous persuade ! O mes amis tant dé-
« sirés, vous ne pouvez rien faire de mieux que de
« prendre le parti d'embrasser la vie monastique :
« nulle part vous ne le pouvez mieux faire qu'avec
« celui qui désire et qui peut, grâce à Dieu, vous
« aider dans ce dessein de ses services et de ses
« conseils.

« Assurément je ne vous trompe point, parce
« que je suis votre ami ; pour sûr je ne me trompe
« pas moi-même, parce que j'ai pour moi l'expé-
« rience. Soyons donc moines ensemble ; servons
« Dieu ensemble, afin que maintenant et plus tard
« nous puissions nous réjouir ensemble les uns
« des autres ; soyons une seule chair, un seul
« sang, une seule âme, un seul esprit !

« Enfin, vous vous êtes rapprochés de moi ; en
« vous rapprochant vous m'avez enflammé ; en
« m'enflammant, vous avez mis mon âme en fu-
« sion, et en la mettant en fusion, vous l'avez
« soudée à vos deux cœurs. On peut la déchirer ;
« on ne peut la séparer de la vôtre. Vous ne pouvez
« l'entraîner dans le monde avec vous. Ou bien
« donc vous demeurerez avec elle ou vous la dé-
« chirerez. Si vous lui restez unis, non-seulement

« vous m'êtes unis par les liens du sang, mais
« encore par ceux de l'esprit ; mais si vous la
« déchirez, vous n'êtes plus mes consanguins,
« mais des hommes sanguinaires. Si c'est pour
« cela que vous êtes venus, jugez vous-mêmes de
« quel nom il faut vous appeler.

« Loin de vous cette pensée, ô mes très-chers !
« Dieu vous garde de faire une blessure aussi
« incurable à mon âme qui vous aime et qui ne
« vous a jamais fait de mal !... Oh comme mon
« amour brûle au dedans de mon cœur ! Comme
« mon affection s'efforce de s'épancher tout en-
« tière ! Comme elle cherche des paroles qui l'ex-
« priment ! Mais aucune parole n'y répond plei-
« nement. Que de choses elle voudrait écrire !
« mais ni le temps ni la parole écrite ne lui
« suffisent. Mais vous, ô bon Jésus, parlez à
« leur cœur, vous sans lequel aucune voix ne
« peuf rapper efficacement leurs oreilles. Dites-
« leur de tout quitter et de vous suivre !... Ne
« séparez point de moi ceux que vous m'avez
« unis par une si grande affection de la chair
« et de l'esprit !... O Seigneur, vous êtes
« témoin de ce qui se passe au dedans de moi
« et les larmes que je répands en écrivant ces
« lignes témoignent à l'extérieur de la joie de mon
« cœur, si mes parents font ce que je désire (1). »

Richera, sœur de notre saint, épousa un sei-

1. II, 28.

gneur dont nous ne connaissons guère que le nom : il s'appelait Burgonde. Leur premier enfant fut un fils auquel ils donnèrent le nom de son oncle, et qu'ils consacrèrent à Dieu, comme lui, dans la vie religieuse. Ils l'envoyèrent donc au saint qui l'adopta pour son fils et veilla sur son éducation avec un soin particulier. Burgonde et Richera eurent plusieurs autres enfants, mais tous moururent avant l'âge de raison. Leur douleur fut d'autant plus inconsolable qu'ayant donné à Dieu leur cher Anselme il ne leur restait plus d'enfants. Le saint s'efforçait, dans ses lettres, d'adoucir leur chagrin par les pensées de la foi et de tourner entièrement leurs âmes vers Dieu. Ses exhortations fécondées par ses prières produisirent leurs fruits. Burgonde partit plus tard pour la croisade où il trouva une mort glorieuse, et Richera devenue veuve entra au couvent de Marcigny fondé par saint Hugues, abbé de Cluny.

Quant au jeune Anselme, notre saint ne l'appelait que son très-cher fils, et il lui prodigua tous les soins dont le père le plus tendre peut environner son enfant.

C'est ainsi que les affections de la nature ne font que se raviver en passant par le cœur d'un apôtre.

CHAPITRE XXIX

Amabilité et popularité de saint Anselme : il les fait servir
au succès de sa mission.

« La renommée d'Anselme s'était répandue
« non-seulement dans toute la Normandie, mais
« dans toute la France, dans toute la Flandre, et
« dans toutes les contrées voisines : bien plus, elle
« avait passé la mer et remplissait déjà l'Angle-
« terre. On voyait affluer auprès de lui, de tous les
« points du monde, un grand nombre de nobles, de
« savants ecclésiastiques, de vaillants soldats qui
« livraient au cloître leurs personnes et leurs
« biens (1). »

Ces paroles d'Eadmer se rapportent à l'époque
où Anselme n'était encore que prieur ; elles ne
nous montrent que l'aurore d'une célébrité qui
alla en grandissant toujours. C'est à cette même
époque que commença à se former cette popularité, véritablement immense dont le saint fut environné dans la suite.

Vers les dernières années de sa vie Herluin ne

____

1. *Vit. S. Ans.* libr. I.

pouvant plus, à cause de son grand âge, remplir ses fonctions d'abbé, se déchargea de tout sur le saint prieur qui fut ainsi obligé de se produire fréquemment au dehors. On le vit porter dans le monde une amabilité qu'on s'étonnait de trouver dans un homme aussi austère et voué à des études aussi graves.

Anselme avait conservé sous le froc ce parfum d'urbanité exquise, ce cachet de noblesse naturelle et de grandeur simple qu'il devait à son éducation première. On reconnaissait aisément à travers le moine le grand seigneur, descendant des rois du Piémont. Mais transfiguré par l'humilité monastique, cet air de grandeur tempérée par la bonté n'était plus chez lui que la dignité modeste de la vertu. En société, il savait trouver à propos de ces mots délicats qui vont au cœur ; il se montrait, sans recherche et sans prétention, gracieux et fin. Il était pétillant d'esprit, mais de cet esprit qui s'applique à être agréable à tout le monde, l'esprit des saints. Autant ses vertus lui attiraient le respect et la vénération, autant l'aménité de ses manières, le charme de sa conversation, la douceur de son caractère, et la cordialité si franche de son âme naturellement expansive, lui gagnaient la sympathie de tous. On ne pouvait le voir sans l'aimer. Les seigneurs les plus distingués de la Normandie tenaient à grand honneur de l'avoir pour ami. De nobles familles allaient jusqu'à l'admettre comme un de leurs enfants. Le saint se plaisait à recevoir ces marques d'affection ; il les recherchait même, et il en jouissait naïvement. Autant il redoutait l'estime, autant il tenait à être aimé.

Un jour un de ces seigneurs, ami d'Anselme, partit pour un voyage qui l'obligeait à passer par le pays d'Aoste. Le saint prieur le chargea de remettre une lettre à ses oncles Lambert et Folcerade. Au lieu de leur donner de ses nouvelles avec détails, il les invitait à s'adresser en toute liberté et en toute confiance au porteur de la lettre. « Quoique ce seigneur qui daigne me servir « de messager soit très-riche et de la première no- « blesse de Normandie, cependant lui-même, sa « mère et ses frères m'ont uni à eux par une af- « fection si intime que la mère ne m'appelle pas « autrement que son fils, tandis que ses enfants « me nomment leur frère. Seulement ils m'ont dé- « cerné d'un commun accord le titre d'aîné (1). » Le saint se plaît à parler de cette intimité : on voit qu'elle lui va au cœur. Après la surnaturelle joie de se sentir aimé de Dieu, le plus doux bonheur de sa vie fut toujours de se sentir aimé des hommes.

Anselme faisait constamment servir son amabilité, ainsi que la vénération et les sympathies dont il était l'objet, au succès de sa mission. Partout et toujours il était l'apôtre de la vie reli-

1, I, 17.

gieuse. Il ne perdait pas un instant de vue son grand but ; tout lui servait à l'atteindre. Il peignait souvent, avec son éloquence imagée, la vanité des choses périssables et les charmes de la vie monastique ; tout en lui prêchait l'amour du cloître. Sa figure amaigrie rayonnait d'un tel bonheur qu'on se sentait naturellement porté à se rapprocher de la source où il allait le puiser. Aussi le plus souvent pour remporter une victoire il n'avait besoin que de lancer un mot, un regard, un sourire. Les vocations monastiques semblaient éclore sous ses pas.

Tous ceux qui aspiraient à la vie religieuse tournaient leurs regards vers le saint. Il lui venait de toutes parts des hommes du monde qui désiraient se consacrer à Dieu, sinon sous sa conduite, au moins par son entremise, et qui, sans l'avoir jamais vu, l'aimaient déjà comme leur père, et voulaient recevoir, au seuil de la vie monastique, ses avis et sa bénédiction.

Le démon furieux de se voir arracher tant d'âmes mit tout en œuvre pour arrêter le cours des conquêtes du saint. Il attaquait par toutes sortes de tentations ceux qui avaient recours à lui pour se faire religieux. « Remarquant, dit « Eadmer, que quelques-uns déjouaient ses ruses « secrètes, il essayait de les détourner de leur « dessein par des attaques manifestes. »

Un trait frappant de cette rage impuissante du démon, c'est l'histoire d'un soldat nommé Cadoul,

« Un jour, pendant que Cadoul était en prières
« dans une église, il entendit au dehors le démon
« qui empruntant la voix de son écuyer poussait
« des cris perçants et faisait un vacarme ef-
« froyable. Des voleurs, criait-il, venaient de
« forcer les portes de son logis, emmenaient ses
« chevaux et pillaient tout ; si Cadoul n'accourait
« pas au plus vite, tout était perdu sans retour.
« Cadoul ne se dérangea pas : il crut qu'il perdrait
« plus en quittant sa prière qu'en se laissant
« dépouiller. Piqué de ce mépris, le diable se
« changea en ours et se précipita tout à coup du
« haut de l'église aux pieds de Cadoul. Il espérait
« par l'effroi et le bruit de sa chute troubler la
« prière du soldat. Mais ce dernier, impassible, ne
« fit que rire de la monstrueuse apparition.
« Quelque temps après, il était en route pour
« aller trouver Anselme afin de le consulter sur
« le projet qu'il avait conçu de mener désormais
« une vie plus parfaite ; il marchait à grands pas
« quand tout à coup il entend auprès de lui une
« voix qui lui crie : Cadoul, Cadoul, où vas-tu ?
« Il s'arrête aussitôt essayant de découvrir d'où
« venait cette voix inconnue. Le démon reprend :
« Où vas-tu, Cadoul ? Qu'est-ce donc qui te presse
« si fort d'aller trouver ce prieur hypocrite ? Sa
« vie privée est tout à fait en désaccord avec sa
« réputation ; c'est pourquoi je t'invite et je t'en-
« gage à retourner au plus tôt sur tes pas de peur
« que séduit par lui tu ne sois victime de la folie

« qui t'entraîne à cette heure. Son hypocrisie en
« a déjà trompé un grand nombre et après les
« avoir bercés de vaines espérances, il a fini par en
« faire des sots et des fainéants. A ce langage,
« Cadoul reconnut le démon ; il s'arma du signe
« de la croix et, méprisant son ennemi, il continua
« sa route. Il consulta Anselme, et d'après ses
« conseils, il renonça à lui-même et au siècle pour
« embrasser la vie religieuse. Il entra au monas-
« tère de Marmoutier. Anselme avait pour habi-
« tude de ne jamais conseiller, dans des vues
« intéressées, à quelqu'un qui voulait se faire
« moine, de se retirer dans son monastère plutôt
« que dans un autre. Il agissait ainsi pour que
« personne ne prît en aversion dans la suite, sous
« l'impression de certaines contrariétés assez ordi-
« naires, un lieu où il n'était pas entré par son
« propre choix, et n'imputât aux conseils qu'il
« avait reçus d'y entrer ses scandales et ses mur-
« mures d'impatience (1). »

On voit par ces dernières paroles d'Eadmer que
le zèle de notre saint était réglé par la prudence
et par une sage discrétion.

1. *Vit. S. Ans.*, libr. 1.

CHAPITRE XXX

Popularité de saint Anselme (suite). Il faut en chercher le
secret dans sa vie intime.

Le saint ne s'appartient plus ; sa solitude est
envahie : c'est Dieu lui-même qui amène la foule
à ses pieds.

Sur les confins du comté de Ponthieu et de la
Flandre un seigneur qui jouissait d'un grand re-
nom fut atteint de la lèpre, et se vit bientôt, malgré ses richesses et sa puissance, abandonné de
tous. Il eut alors recours à Dieu et s'efforça d'attirer sur lui sa miséricorde par ses prières et ses
aumônes. Pendant une nuit une apparition lui dit
que, s'il voulait guérir, il devait aller au Bec et obtenir d'Anselme qu'il lui permît de boire de l'eau
dont il aurait lavé ses mains en célébrant la sainte
messe. Il se met aussitôt en marche, aborde le
saint et lui expose secrètement le but de son
voyage. Anselme est frappé de stupeur : il se met
à conjurer le malade de ne plus songer à une pareille chose. Le seigneur persiste et redouble ses
prières, supplie le saint d'avoir pitié de lui, de ne

pas l'abandonner en une pareille extrémité ; sa guérison est entre ses mains, il en a l'assurance. Il lui demande si peu de chose ! Pourra-t-il bien repousser sa demande et le laisser dans sa déplorable situation ? Le saint est touché : la bonté finit, comme toujours, par l'emporter dans son cœur sur l'humilité. Le lendemain matin il célèbre secrètement la sainte messe, y admet le lépreux et lui remet de ses propres mains l'eau qu'il demande. A peine celui-ci l'a-t-il bue qu'il recouvre une santé parfaite. Anselme se hâte de le renvoyer sans bruit, en lui ordonnant, au nom du Seigneur, de se bien garder de jamais lui attribuer ce miracle, mais de tenir pour certain qu'il n'est dû qu'à la miséricorde divine, et de ne jamais parler de lui en aucune façon à ceux qui lui demanderont comment il a été guéri. De pareilles recommandations, on le comprend aisément, ne sont jamais observées.

Un moine du Bec, malade à toute extrémité, vit devant lui, pendant son sommeil, quelqu'un qui lui promit qu'il guérirait, si Anselme l'aspergeait d'eau bénite. Le saint étant venu le visiter, il le pria de lui jeter de l'eau bénite, obtint ce qu'il demandait et fut guéri sur-le-champ.

« Anselme, ajoute son pieux biographe, opéra « beaucoup d'autres miracles de ce genre, mais « nous les omettons à dessein afin d'être plus bref. « Nous avons aussi cru devoir passer sous silence « une foule innombrable de personnes guéries de « diverses maladies, mais surtout de la fièvre, en

« buvant de l'eau dont le saint avait lavé ses mains
« ou en mangeant des restes de son repas enlevés
« à son insu. Dieu dispensait ses dons à chacun
« selon le mérite de sa foi. Si nous voulions rap-
« porter ici tous les faits merveilleux que nous
« tenons d'hommes très-remarquables par leur
« sainteté, nous courrions risque, c'est du moins
« ce qui nous semble, d'être accusé de nous laisser
« aller au bavardage plutôt que d'écrire simple-
« ment l'histoire (1). »

Ce n'est point du bavardage de raconter jusque
dans leurs plus minutieux détails les merveilles que
Dieu opère par ses saints, et la crainte de rencontrer des censures inintelligentes ne doit pas arrêter
l'hagiographe. Mais d'ailleurs il faut plutôt nous
féliciter que nous plaindre de cette réserve excessive d'Eadmer : elle nous offre la meilleure garan-
tie de la scrupuleuse exactitude de ses récits et une
preuve incontestable de la sûreté de sa critique.

Eadmer nous fait remarquer qu'il a voulu rapporter brièvement ces faits pour expliquer la popularité prodigieuse du saint. « D'ailleurs, dit-il, cette
« popularité ne surprendra pas beaucoup ceux qui
« connaissent sa manière d'agir, car il s'échappait
« de toute sa conduite une certaine suavité sédui-
« sante qui inclinait tout le monde à se lier d'amitié
« avec lui et à entrer dans son intimité (2). »

1. *Vit. S. Ans.*, libr. I.
2. *Vit. S. Ans.*, lib. I.

Le vrai secret de la popularité d'Anselme ce n'étaient pas ses miracles ; c'était cette vertu qui de tout temps a fasciné les multitudes et dont l'orateur romain faisait l'éloge en disant : « Rien n'est aussi populaire que la bonté (1). »

Si la bonté naturelle suffit à gagner ainsi les cœurs, que sera-ce donc de la bonté surnaturelle? Semblable à un souffle ardent sorti du cœur du Dieu fait homme et à un rayon émané de son front divin, elle précipite les multitudes aux pieds des saints et les fait s'attacher à leurs pas. Ah ! il ne fut jamais donné à l'antiquité de contempler ce spectacle !

La bonté de saint Anselme, comme toutes ses autres vertus, portait le cachet d'une haute raison: chez lui la bonté était tout à la fois une affaire de principe et une affaire de cœur. Naturellement enclin à être bon, il s'étudiait à pratiquer cette vertu en toute circonstance, envers tous, et avec toute la perfection que lui donne la charité chrétienne.

Mais sur ce point écoutons Eadmer :

« Anselme s'appliquait continuellement à l'égard
« de tous à faire ce qu'il regardait comme le plus
« propre à être agréable aux autres. On lui deman-
« dait parfois quel avantage retireraient de leur
« condescendance ceux qui, dans les bornes de la
« justice, s'appliquaient à se conformer à la volonté

1. Cicéron. Péroraison du *Pro Ligario*.

« des autres, et à quels inconvénients s'exposaient
« ceux qui songeaient bien plus à faire leur vo-
« lonté que celle des autres. Il répondait ainsi :
« Celui qui s'efforce, dans les limites du bien, de
« se conformer en tout à la volonté des autres,
« mérite aux yeux du juste juge, Dieu, qu'il le
« récompense d'avoir fait des efforts pour se con-
« former à la volonté des autres en cette vie, en
« permettant que tout réponde à ses désirs en
« l'autre vie. Celui au contraire qui, méprisant la
« volonté des autres, ne travaille qu'à contenter la
« sienne, sera condamné par le même juge à voir
« que n'ayant cherché à se conformer à la volonté
« de personne en cette vie, personne aussi dans
« l'autre ne cherchera à se conformer à la sienne.
« Car on se servira envers nous de la même mesure
« dont nous nous servirons à l'égard des autres. »

« Appuyé sur ce raisonnement, Anselme s'étu-
« diait à n'être désagréable, à n'être à charge à
« personne, dut-il pour cela se relâcher un peu de
« l'observance monastique. Il savait tempérer par
« condescendance la sévérité habituelle de son
« régime de vie. Nous ignorons ce qu'en penseront
« ceux qui après nous liront peut-être ces choses
« ou en entendront parler. Pour nous qui avons
« eu la faveur de voir de près l'économie de la con-
« duite d'Anselme nous croyons devoir lui faire un
« mérite d'avoir, docile à la raison, tempéré dans
« l'occasion la rigueur de ses habitudes, plutôt que
« de les observer avec une persistance indiscrète.

« Car se conduire suivant la raison est vertu : le
« contraire est un vice (1). »

Voilà bien saint Anselme !

On voit s'unir en lui les vertus les plus difficiles
à concilier : une bonté tendre et une raison froide,
l'austérité qui effraie et l'amabilité qui séduit.

Plusieurs saints ont surpassé saint Anselme par
leurs macérations et leurs pénitences ; d'autres ne
lui cédaient en rien pour la douceur et l'aménité
des manières. Mais aucun peut-être, et assurément
aucun que nous sachions, n'a réuni au même degré et dans une plus suave et plus délicate harmonie la force et la douceur, l'austérité et la grâce,
l'ascendant qui domine et impose, et la bénignité
qui attire et attache.

1. *Vit. S. Ans.*, lib. I.

CHAPITRE XXXI

Mort de l'archevêque Maurille (1067). Élévation de Lanfranc
sur le siége de Cantorbéry (1070). Amitié de saint Anselme
et de Lanfranc. Peines et épreuves du nouvel archevêque;
il les confie au saint prieur du Bec. Présage mystérieux de
la future élévation de notre saint.

Pendant que le saint prieur accomplissait ainsi
la mission qui remplit la première partie de sa
vie, la Providence lui préparait les voies pour une
mission bien plus grande encore.

Dans l'année qui suivit la conquête de l'Angleterre (1607) Anselme eut à pleurer la mort de l'archevêque Maurille. Dieu lui laissait, il est vrai,
un autre guide et un autre père dans la personne
de Lanfranc, mais ce dernier soutien même ne
devait pas tarder à lui être enlevé: il fallait que le
saint arrivât peu à peu à ne s'appuyer que sur
Dieu seul.

A la mort de Maurille, le peuple et le clergé de
Rouen demandèrent Lanfranc pour archevêque ;
mais à force d'énergie et d'habileté il parvint à se
soustraire à cette dignité redoutable. Il continuait
à goûter en paix les charmes de la solitude quand
la même main qui l'avait arraché au Bec vint

l'arracher à Saint-Étienne de Caen. Guillaume le Conquérant connaissait tout le mérite de Lanfranc et il avait besoin de lui. La grande préoccupation du nouveau roi d'Angleterre était de consolider sa conquête. La langue et les coutumes normandes s'introduisaient déjà dans la Grande-Bretagne ; il s'appliqua à les y implanter tout à fait. Pour y réussir il ne recula pas devant l'oppression des vaincus. Disposer en maître absolu non-seulement des charges civiles mais encore des dignités ecclésiastiques, en exclure peu à peu les indigènes pour les confier à des Normands : tel fut le programme qu'il adopta. Nommer un évêque lui semblait chose aussi naturelle que de nommer un baron. Du reste Guillaume était, du moins on peut le croire, sincèrement attaché à la religion ; il désirait seulement, comme tous les princes ambitieux, la faire servir à sa politique.

Quand il fut question de remplacer Stygand sur le siége primatial de Cantorbéry, le premier de toute l'Angleterre, personne ne parut au Conquérant plus digne de cette haute position, et en même temps plus capable de le seconder dans ses vues que l'abbé de Saint-Étienne de Caen (1). Cette fois les résistances de Lanfranc furent inutiles : le

1. Stygand avait été porté sur le siége de Cantorbéry par le vœu populaire après que l'archevêque Robert, ami du roi Édouard se fut enfui pour échapper à la vengeance de Godwin. Il n'avait même pas craint de se servir du *pallium* laissé par Robert. Ce dernier l'accusa à Rome, et dès l'année 1058, la cour romaine avait déclaré Stygand intrus.

pieux abbé dut sacrifier ses goûts modestes et son amour pour le cloître et se résigner à devenir archevêque. Il reçut la consécration dans l'église de Cantorbéry le 29 août 1070.

C'était un grand honneur pour le Bec que cette élévation de son ancien prieur. Le vénérable Herluin, qui aimait Lanfranc comme son fils, était au comble du bonheur. Anselme au contraire éprouvait une joie mélàngée d'une grande tristesse. Désormais le détroit allait donc le séparer de son père vénéré et chéri! Il ne pouvait se faire à cette pensée, se résigner à ce sacrifice. Cependant son amour pour l'Église et la considération de la gloire qu'allait faire rejaillir sur elle l'élévation de Lanfranc tempéraient l'amertume de ses regrets. « Gloire à Dieu « au plus haut des cieux, écrivit-il au nouvel ar- « chevêque peu de temps après sa promotion, « gloire à Dieu qui a placé le flambeau de votre « foi et de votre sagesse sur un chandelier élevé « afin qu'il éclaire tous ceux qui sont dans sa mai- « son. C'est pourquoi nous prions le Dieu tout- « puissant que ce flambeau brûle sans se con- « sumer jamais ; qu'il éclaire les autres sans « s'obscurcir pour lui-même, et qu'après avoir fait « participer les Anglais à ses clartés, il soit « lui-même transporté au ｟ciel pour y participer « éternellement à la lumière divine avec les « anges (1). »

1. I, 1.

Anselme se consolait un peu en pensant que la distance des lieux ne l'empêcherait pas d'aimer son cher maître. « Quoiqu'une foule de change-
« ments inattendus s'efforcent de vous ravir à moi
« ils ne pourront point, je ne dirai pas séparer nos
« deux âmes intimement unies, mais du moins
« détacher mon âme de vous... Les regrets que
« m'inspire votre absence vont toujours croissant
« et l'affection que vous avez pu lire autrefois
« dans mon âme ne diminue jamais (1). »

Lanfranc répondit à ces sentiments en conti-nuant à témoigner à Anselme la plus vive amitié et la plus entière confiance. Au milieu de ses nombreuses occupations il trouvait du temps pour s'entretenir avec cet autre lui-même par des lettres pleines d'abandon. Comme il tenait An-selme pour un saint, il faisait de lui le confident de ses peines ; il avait grandement besoin de pou-voir épancher dans le sein d'un tel ami son âme rongée de soucis, abreuvée de dégoûts, navrée de douleur. Quand en arrivant à Cantorbéry il jeta les yeux sur l'église du Saint-Sauveur, sa cathédrale, et qu'il la vit réduite par l'incendie à n'être pres-que plus qu'un monceau de ruines, il fut consterné. Ce n'était cependant là que l'image de ruines mo-rales bien plus désolantes encore. A la vue des abus et des scandales qu'il rencontrait de toute part Lanfranc passa de la consternation au décourage-

1. *Ibidem.*

ment et il supplia le souverain pontife de le décharger de l'épiscopat. Le pape qui occupait alors la chaire de saint Pierre sous le nom d'Alexandre II était un de ses élèves du Bec, Anselme de Baggio: il connaissait trop le mérite de son maître pour lui permettre de l'enfouir. Lanfranc trouva dans sa foi et dans son obéissance le courage de porter saintement sa croix.

Dans le courant de l'année 1071, peu de temps après son sacre, il se rendit à Rome, suivant l'usage de ses prédécesseurs, pour y recevoir des mains du souverain pontife le pallium, signe de l'autorité primatiale. Alexandre II l'accueillit avec de grandes marques d'honneur et d'affection. Contrairement au cérémonial de la cour romaine, il se leva en le voyant entrer et l'invita avec une grande bonté à s'approcher de lui. « Ce n'est pas, lui dit-« il, à l'archevêque de Cantorbéry que nous ren-« dons cet honneur, mais au maître qui nous a « initié à la science que nous possédons. » Lanfranc se prosterna et baisa humblement les pieds du successeur de Pierre. Le pontife s'empressa de le relever et le pressa tendrement sur son cœur. Par une faveur tout à fait extraordinaire il lui donna deux pallium, celui qu'il avait bénit à son intention sur l'autel de Saint-Pierre, et celui dont il se servait lui-même.

Parmi les consolations que ce voyage procura à l'archevêque il faut compter celle de revoir son cher Anselme, en passant par la Normandie; assu-

rément ce ne fut pas la moindre de toutes. Il s'en-
tretint longuement avec lui de ses travaux et de
ses peines. Mais les consolations passèrent vite et
les peines restèrent. Quelques temps après ce
voyage l'archevêque écrivait à son saint ami :

« Vous savez parfaitement ce qui serait le mieux
« pour moi, car avant de venir en Angleterre, et
« en me rendant à Rome, j'ai fait connaître à votre
« sainteté tout ce que j'ai cru capable de l'éclairer
« sur mes affaires... Priez donc et faites prier tous
« vos amis pour que le Dieu tout-puissant me
« fasse produire des fruits plus abondants ou qu'il
« retire mon âme de cette prison de chair, en con-
« fessant son saint nom. Car ce pays d'Angleterre
« est agité chaque jour par des tribulations si
« nombreuses et si grandes ; il est souillé de tant
« d'adultères et de tant d'autres impudicités, qu'il
« ne se trouve presque pas une seule classe
« d'hommes qui songent aux véritables intérêts
« de leur âme ou qui, du moins, désirent entendre
« la doctrine salutaire propre à les rapprocher de
« Dieu. J'ai reçu avec joie la lettre que vous m'avez
« envoyée par dom Robert, et je l'ai lue avec plus
« de joie encore. Avec quel bonheur je la goûte à
« loisir en la lisant, et je la lis en la goûtant, c'est ce
« que je ne saurais vous exprimer par écrit (1). »

Le saint prieur du Bec prenait la part la plus
vive aux tribulations de son illustre ami. Il était

_____

1. I, 22.

loin de se douter alors qu'un jour il serait condamné à porter cè même fardeau devenu plus pesant encore. Cependant ses rapports avec Lanfranc l'y préparaient à son insu. Par toutes ces confidences qui l'initiaient aux sollicitudes et aux travaux du primat d'Angleterre, Dieu approchait peu à peu le calice de ses lèvres.

Un soir au moment où le saint se disposait à prendre un peu de repos, il trouva dans son lit un anneau d'or. Grande fut sa surprise. Peut-être, pensa-t-il, cet anneau a été laissé là par quelqu'un des moines chargés de pourvoir aux besoins matériels de leurs frères. Il le prit donc et le montra successivement à chacun d'eux ; ils furent aussi étonnés que le prieur lui-même. On eut beau faire des recherches, il fut impossible de découvrir d'où venait cet anneau mystérieux. Ce fait étrange n'excita pas alors une grande attention. Mais plus tard, quand Anselme eût été élevé sur le siége de Cantorbéry, les moines du Bec se ressouvinrent de l'anneau d'or.

CHAPITRE XXXII

« Oh ! qu'il y aurait donc un livre charmant et
« doux à faire sur l'amitié dans le cloître ! s'écrie
« de Montalembert dans ses *Moines d'Occident.*
« Que de traits attendrissants, que de charmantes
« paroles à recueillir ! »

Si jamais on écrit ce livre, saint Anselme, il
faut en convenir, y aura une belle page.

Le saint se gagnait l'amitié de tous ceux avec
lesquels il lui était donné d'avoir, ne fût-ce qu'en
passant, quelques rapports intimes. Aussi comptait-
il des amis dévoués dans tous les rangs de la société.
Vous eussiez rencontré dans les châteaux et dans
les camps des hommes qui se glorifiaient d'être
étroitement unis avec le saint prieur du Bec. Mais
les plus intimes amis du saint se trouvaient dans
le cloître.

A ses yeux l'amitié était un des plus grands
bonheurs de la vie, mais elle était surtout un des
plus doux charmes de la vie monastique ; une
fleur tendre et délicate qui s'épanouissait de pré-

férence dans les solitudes claustrales, à l'abri du vent et des orages.

Ce moine austère cultivait l'amitié avec un soin, un empressement, une délicatesse, une constance, une passion douce et pure que le monde ne soupçonne même pas. Pressé d'un immense besoin d'aimer et d'être aimé, il cherchait partout sous le froc de ses frères des cœurs auxquels il pût s'attacher et qui répondissent au sien. Il ne négligeait aucune occasion.

Un religieux d'un monastère voisin, souvent même d'un monastère éloigné, vient-il lui demander un conseil, quelques paroles d'encouragement, l'éclaircissement d'une question de philosophie ou de théologie, il l'accueille à bras ouverts comme un frère, comme un ami ; il s'empresse d'accorder ce qu'on lui demande, et de plus il se livre lui-même, il donne son cœur, s'ouvrant avec une candeur simple et ingénue et se laissant aller au bonheur d'aimer avec la confiance naïve d'un enfant. On croyait ne trouver qu'un savant et un saint, et on a trouvé un ami, un cœur qui vous attire, qui vous captive, qui vous enlace et qui dans un instant fait, en quelque sorte à votre insu, la conquête de toutes vos affections (1).

---

1. « Chaque homme, dit le Père Lacordaire, a un penchant
« premier au-dessous duquel les autres se groupent. Pour les
« uns c'est la vanité, ce sentiment froid qui fait que l'on songe
« toujours à briller par le dehors, qui attache du prix à voir des
« courtisans se presser autour de soi, à être regardé. Pour
« d'autres, c'est la passion de la domination ; passion dure
« qui n'estime les hommes qu'à l'état d'esclaves. Quand le

Un religieux du monastère de Fontenelle, nommé Gauthier, écrit à Anselme pour le prier de lui expliquer un point de doctrine qui l'embarrasse. Le saint serait heureux de résoudre la difficulté proposée, mais les convenances et sa modestie s'y opposent : le monastère de Fontenelle est placé sous la direction du savant abbé Gerbert qui est capable de la résoudre lui-même. « Je n'ai ni assez « de loisirs, ni assez de capacité, répond-il, pour « que je croie pouvoir suffire à ce que vous me « demandez ; mais vous avez avec vous notre sei- « gneur et Père le révérend abbé Gerbert qui sur « cette question et sur toutes les autres est plus « capable de vous satisfaire par ses entretiens que « je ne le pourrais faire moi-même de vive voix « ou par écrit (1). » Mais en même temps il engage vivement ce bon moine qu'il ne connaît pas à venir le voir ; il lui propose de lui assigner un jour où il sera sûr de le rencontrer ; il le conjure de vouloir bien l'aimer. « On doit plus aimer la cha- « rité que la science », lui dit-il.

Le saint apportait dans l'amitié cette largeur de vues qui le caractérisait en toute chose ; il ne connaissait ni les petitesses, ni les susceptibilités ;

« cœur est aimant, c'est en soi-même que l'on vit surtout ; « non pas dans un soi-même égoïste, mais dans cette retraite « sainte du cœur où un seul autre être suffit, un seul souvenir « suffit pour remplir une journée ; où l'on s'inquiète peu de « la foule et de ce qu'elle pense, où le dehors n'est rien. Chez « toutes les nobles et grandes âmes c'est là la passion. » — *Lettres à des jeunes gens.* Lettre IX.
Telle fut la passion de saint Anselme.
1. I, 76.

mais il les rencontrait parfois dans les autres. Loin de les mépriser, il condescendait aux explications les plus minutieuses afin de faire disparaître ces vétilles à ses yeux très-importantes puisqu'elles pouvaient avoir pour résultat de lui faire perdre un ami.

Il arrivait souvent, en ces temps où les livres étaient rares, que les monastères se prêtaient mutuellement leurs manuscrits. Anselme avait ainsi prêté à un de ses amis, le moine Rodulfe, plusieurs manuscrits du Bec. Mais les religieux, se trouvant à en avoir besoin, les réclamèrent à Rodulfe avant qu'il eût eu le temps de s'en servir. Celui-ci crut que l'ordre avait été donné par le prieur et il en fut blessé jusqu'au vif. Il n'en était rien cependant. En outre on lui rapporta qu'Anselme était décidé à ne plus lui prêter aucun livre. Il renvoya aussitôt ceux qu'il avait empruntés et accompagna cet envoi d'une lettre où le dépit et l'acrimonie perçaient à travers la froideur d'une réserve affectée. Anselme ne put lire cette lettre sans une profonde douleur. Il répondit aussitôt à son ami :

« J'ai reçu votre lettre ; c'est la lettre d'un ami
« qui jadis m'aimait véritablement comme je l'ai-
« mais moi-même. Ce qu'elle disait ouvertement
« m'a touché de compassion ; mais ce qu'elle lais-
« sait entendre m'a blessé d'un intolérable cha-
« grin…. Vous ne pouvez vous faire au seul soup-
« çon que j'aie dit que nous ne vous prêterions

« plus nos livres. Si j'ai jamais pu tenir un pareil
« langage, croyez, et j'en conviendrai moi-même,
« que je n'ai jamais été pour vous un véritable
« ami, mais un fourbe et un menteur. En effet,
« comment pourrais-je, en ce qui me concerne,
« refuser quelque chose à ceux pour lesquels je
« n'hésiterais pas à sacrifier ma vie ?... Oui, nous
« vous prêterons volontiers tous les livres que
« nous avons, et nous vous laisserons pour tout
« le temps dont vous en aurez besoin ceux que
« nous vous avons déjà prêtés... Allons, très-cher
« frère, je suis assuré en toute manière de votre
« affection, puisque j'ai la certitude que vous ne
« pouvez supporter sans tristesse de voir la mienne
« diminuer à votre égard.... Je vous prie donc,
« mon très-cher, si à l'avenir vous entendiez dire
« de moi quelque chose qui vous parût sortir des
« règles de la charité, de ne pas le croire sans
« l'avoir bien examiné.... Saluez de ma part tous
« vos frères : je n'en puis trouver aucun parmi
« eux qui ne me soit cher ; je ne dois donc en dé-
« signer aucun comme m'étant cher (1). »

C'est ainsi que ces amitiés du cloître, si elles
avaient leurs douceurs et leurs joies, avaient aussi
leurs amertumes et leurs peines. Telle est la condition des choses d'ici-bas : les plus belles fleurs
ont parfois leurs épines. Mais la plus acérée de ces
épines, c'était la séparation.

1. I, 10.

Deux moines s'aimaient comme deux frères et mêlaient chaque jour depuis plusieurs années leurs sentiments les plus intimes, quand tout à coup un ordre des supérieurs séparait ces deux âmes. Oh ! alors qui pourrait dire leurs déchirements, leurs cris de douleur ? Anselme redoutait particulièrement cette épreuve. Et cependant que de fois ne dut-il pas la subir ! Il ne s'y habitua jamais. Lui si fort ne put arriver à s'endurcir contre son propre cœur, quand il s'agissait de quitter ses amis.

Chacune de ces séparations laissait dans son âme une plaie qui ne se fermait plus. « Ah ! mon « très-doux ami, écrivait-il au moine Gilebert qui « avait été ravi à son amitié et qui lui envoyait « de petits présents pour lui prouver qu'il ne l'ou- « bliait pas, ah ! mon très-doux ami, sans doute « ils me sont doux les présents de votre suavité, « mais ils ne peuvent consoler mon cœur que dé- « sole la perte de votre personne bien-aimée. Oui, « quand vous m'enverriez tout ce que les aro- « mates ont de parfums, tout ce que les plus « beaux tissus ont de variété, tout ce que les mé- « taux ont d'éclat, tout ce que les pierreries ont « de prix, mon âme déchirée se refuserait à se « consoler du déchirement qu'elle éprouve. Bien « plus elle ne pourrait y réussir à moins de re- « couvrer cette autre partie d'elle-même. Témoin « l'angoisse de mon cœur à cette seule pensée ; « témoins les larmes qui obscurcissent mes yeux

« et inondent mon visage et mes doigts pendant
« qu'ils vous écrivent. Sans doute vous connaissez
« aussi bien que moi-même mon affection pour
« vous. Mais assurément je ne la connaissais pas
« moi-même. Celui qui nous a séparés l'un de
« l'autre m'a appris combien je vous aimais ; en
« vérité l'homme ne connaît le bien et le mal
« qu'après les avoir éprouvés l'un et l'autre. Je ne
« savais pas, avant d'avoir éprouvé votre absence,
« combien il était doux pour moi d'être avec vous,
« combien il m'était amer d'être sans vous. Mais
« vous, vous avez par suite de notre séparation
« elle-même, un autre ami présent que vous n'ai-
« mez pas moins que moi, que vous aimez même
« certainement davantage. Il n'en est pas ainsi
« pour moi. Vous, vous dis-je, vous m'êtes ravi,
« et personne ne m'est offert à votre place. Ainsi
« donc, pendant que vous vous réjouissez dans
« votre consolation, moi seul je garde une bles-
« sure au cœur. Peut-être ceux qui se félicitent
« de vous posséder sont-ils contrariés de m'en-
« tendre parler ainsi. Mais s'ils se félicitent de pos-
« séder ce qu'ils désiraient, pourquoi s'opposent-
« ils aux gémissements de celui qui perd ce qu'il ne
« cesse d'aimer ? Qu'ils me servent eux-mêmes
« d'excuse, s'ils se reconnaissent en moi (1). »

Mais le véritable ami du saint ce n'est ni Gilebert, ni Rodulfe, ni Lanfranc lui-même : c'est
Gondulfe.

1. I, 75.

CHAPITRE XXXIII

L'amitié dans le cloître (suite). Amitié de saint Anselme
et de Gondulfe.

C'est pendant les trois premières années de la
vie religieuse du saint que se forma entre lui et
Gondulfe la ravissante amitié que nous allons
essayer de peindre.

Qu'était-ce donc que Gondulfe ? un saint moine
du Bec, un autre Anselme moins l'élévation du
génie.

A peine ces deux âmes se furent-elles rencon-
trées, qu'elles se sentirent inclinées l'une vers
l'autre. Sentiments naturellement nobles et élevés, profond mépris de tout ce qui passe, cœur
sensible et tendre, piété vive et amour passionné
pour l'étude, chacun des deux amis retrouvait
dans l'autre ces qualités et ces vertus qu'il n'osait
pas regarder en lui-même et en jouissait comme
des siennes propres sans redouter les illusions et
les dangers de l'orgueil. Chacun des deux, avec
une conviction profonde, mettait son ami au-dessus de lui-même. Chacun des deux était pour

l'autre un encouragement, une consolation, une source de joie.

Élevés par leurs pensées et leurs sentiments, par leur foi et leur amour de Dieu, à des hauteurs inconnues du vulgaire, Anselme et Gondulfe s'aimaient non comme deux frères, mais comme deux anges. Ils étaient unis, pour emprunter une belle comparaison de saint Thomas, comme les palmiers qui mêlent non leurs racines mais leurs sommets, comme ces astres qui marient leurs rayons lumineux. Transportons-nous donc, si nous voulons comprendre le mystère de cette amitié angélique, sur ces sommets où l'on ne rencontre plus que Dieu et les âmes, et où des âmes qui s'appellent saint Basile et saint Grégoire, Anselme et Gondulfe, unissent ce qu'il y a de plus divin en elles.

Mais ce mystère suave comment le pénétrer? Qui nous redira ces confidences intimes qui n'eurent d'autres témoins ici-bas que les murs d'un monastère détruit par le temps, ou les tourterelles et les colombes cachées sous le feuillage des bois ? Car on voit bien Anselme et Gondulfe, tantôt sous les voûtes recueillies du cloître, tantôt dans les sentiers solitaires de la vallée, échanger des regards émus, des paroles à demi-voix, mais on les voit sans les entendre. Si la vie de ces deux moines se fût écoulée tout entière dans cette charmante solitude, le secret de leur amitié se fût envolé dans le cœur de Dieu sans laisser plus de

traces que les flots du Bec ou les lis de ses bords ;
mais heureusement pour nous il n'en fut pas ainsi.
Bientôt Anselme et Gondulfe seront séparés par la
Manche, et nous pourrons écouter leurs entretiens
et assister à leurs épanchements. A la vérité nous
n'entendrons qu'une des deux voix, car les lettres
d'Anselme nous ont seules été conservées ; mais
outre que cette voix d'Anselme est surtout celle
que nous tenons à entendre, nous y retrouverons
un écho de celle de Gondulfe.

Lanfranc emmena Gondulfe avec lui à Caen,
puis en Angleterre. L'amitié des deux moines ne
souffrit aucune atteinte de cette séparation ; elle
était de celles qui ne dépendent ni de l'espace ni
du temps, parce qu'elles ont placé leur centre dans
l'éternelle immensité de Dieu. Comme par le passé
ces deux âmes sont sans cesse présentes l'une à
l'autre. Anselme et Gondulfe s'écrivaient souvent,
mais la pensée qui domine dans toutes les lettres
d'Anselme et qu'il répète constamment, c'est qu'ils
n'ont nul besoin de s'écrire pour s'aimer. Que
s'écrivaient-ils en effet ? qu'ils s'aimaient ; qu'ils
s'aimaient tendrement ; qu'ils s'aimaient pour toujours. Mais ne le savaient-ils pas l'un et l'autre, et
pouvaient-ils en douter ?

« Nous n'avons nul besoin de nous communi-
« quer mutuellement nos sentiments par des
« lettres, écrivait Anselme à son ami. Votre âme
« et la mienne ne peuvent être absentes l'une de
« l'autre ; elles se tiennent constamment embras-

« sées. Il ne nous manque rien au sujet l'un de
« l'autre, si ce n'est d'être présents de corps (1). »

« Quand je me propose de vous écrire, disait
« encore Anselme dans une de ses lettres à Gon-
« dulfe, quand je me propose de vous écrire, je ne
« sais par où commencer de préférence mon en-
« tretien avec vous. Tout ce que je ressens à votre
« égard est doux et agréable à mon cœur. Tout ce
« que je vous souhaite, c'est ce que mon esprit
« imagine de meilleur. Car ce que j'ai vu en vous
« me faisait vous aimer au point que vous savez ;
« ce que j'en apprends me fait vous regretter au
« point que Dieu sait. Aussi quelque part que
« vous alliez, mon affection vous suit, et quelque
« part que je demeure, mon regret s'attache à
« vous, et quand vous me questionnez par vos
« messages, que vous m'exhortez par vos lettres,
« que vous me touchez par vos dons, afin que
« je me souvienne de vous, *que ma langue s'at-*
« *tache à mon palais, si je vous oublie*, si je n'ai
« pas mis Gondulfe au premier rang dans mon
« amitié. Je ne parle pas ici du laïque Gondulfe
« mon père, mais du moine Gondulfe notre frère.
« En effet comment vous oublierais-je ? Comment
« celui qui est imprimé dans mon cœur comme
« un cachet sur de la cire s'effacerait-il de ma
« mémoire ? Ensuite pourquoi, comme je l'ap-
« prends, vous plaignez-vous avec un si grand

1. I, 33.

« chagrin de ne jamais voir de mes lettres, et
« pourquoi cherchez-vous avec un si grand amour
« à en recevoir souvent ? Car lors même que vous
« gardez le silence, je sais que vous m'affection-
« nez ; et lors même que je ne dis rien, vous
« savez que je vous aime. Votre conscience d'ac-
« cord avec la mienne vous atteste que je ne doute
« pas de vous, et je vous rends témoignage que
« vous êtes sûr de moi. Puis donc que nos con-
« sciences se rendent un témoignage réciproque,
« il ne reste plus qu'à nous mander l'un à l'autre
« ce qui nous touche pour que nous soyons égale-
« ment dans la joie ou dans la sollicitude l'un
« pour l'autre (1). »

Non sans doute Gondulfe ne doutait pas d'Anselme pas plus qu'Anselme ne doutait de Gondulfe ; mais il aimait à recevoir ses lettres, à les
lire, à les goûter. Il n'en recevait jamais assez
souvent à son gré. Il le harcelait sans cesse pour
qu'il les rendît plus fréquentes. Il ne manquait
aucune occasion de lui écrire lui-même. S'il ne
pouvait lui écrire, il lui glissait du moins un salut, un mot du cœur, un doux reproche, toujours
le même : pourquoi n'écrivait-il pas ?

« Tous ceux qui m'arrivent de la part de dom
« Gondulfe, lui répond Anselme, me disent que
« dom Gondulfe désire que je lui écrive. Ces
« lettres, je le sais, vous ne les attendez que pour

1. 1, 4.

« y lire les sentiments de notre mutuelle affection.
« Et si vous agissez de la sorte ce n'est pas, j'en
« suis sûr, dans le but d'empêcher votre amitié
« de s'endormir, ni pour avertir la mienne de se
« tenir toujours éveillée. Car autant je suis sûr de
« votre affection à mon égard, autant vous doutez
« peu de la mienne envers vous. Si donc vous ré-
« clamez mes lettres avec tant d'instance, c'est
« pour voir écrit sur le papier ce que nous por-
« tons imprimé dans le fond de nos cœurs, afin
« qu'en le voyant vous le lisiez, et qu'en le lisant
« vous vous réjouissiez. Mais à quoi bon si l'œil de
« l'homme n'a pas vu, si son oreille n'a pas en-
« tendu et si son cœur ne peut comprendre le
« tribut d'affection que des cœurs aimants appor-
« tent à ceux qui s'aiment ? J'en ai pour garant
« l'expérience que j'ai faite de votre intimité, la
« suavité de cette affection ne tombe sous le sens
« de la vue et de l'ouïe que si elle est déjà inté-
« rieurement savourée au fond de l'âme. Puis
« donc que vous savez que la douceur de l'affec-
« tion ne peut être goûtée ni par les yeux ni par
« les oreilles, mais seulement par le cœur, quelles
« paroles, quelles lettres pourraient exprimer mon
« affection et la vôtre ? Et cependant vous ne ces-
« sez de m'importuner pour m'engager à faire
« l'impossible. Contentons-nous du témoignage de
« nos consciences qui nous disent assez combien
« nous nous aimons (1). »

1. I, 50.

D'autres fois, pour stimuler Anselme, Gondulfe lui envoie de petits présents. « Ah ! je vous com-« prends, lui répond le saint sur le ton d'un ai-« mable badinage, voyant que vos prières ne « réussissent pas à exciter ma nonchalance à vous « saluer par mes lettres, vous avez recours à un « autre moyen. Vous me sollicitez par vos pré-« sents, de manière à ce que je sois au moins « obligé de vous renvoyer des remerciements. Ne « pouvant par vos caresses m'amener à vous « écrire, vous faites en sorte que la honte du « moins m'engage à vous adresser des remercie-« ments. Je remercie donc votre affection qui « m'est chère, et je mesure mes remerciements « non sur le plaisir que me procurent vos dons, « mais sur le plaisir que me cause votre charité « qui les accompagne, les assaisonne et les em-« baume de ses parfums (1). »

D'ordinaire cependant on ne trouve pas dans les lettres du saint cette aimable plaisanterie qui est un des charmes des lettres de saint François de Sales. Le latin ne se prête pas autant que notre langue française à ces jeux charmants de la pen-sée, à ces tours à la fois naïfs et piquants que sait si bien trouver le vieil esprit gaulois. Il faut bien reconnaître aussi que saint Anselme, malgré toute sa grâce et son aménité, était peu porté à cet in-nocent badinage qu'on admire dans plusieurs

1. I, 59.

saints. Sa nature méditative et ardente l'inclinait surtout à la tendresse. Mais quelle tendresse ! « Il « me presse et me presse encore ce confident de « son autre propre conscience, je veux dire la « mienne ; il voudrait voir mes lettres s'envoler « vers lui par delà la mer, s'y envoler souvent, « comme s'il désirait apprendre des nouvelles de « mon amitié. Mais que vous apprendrait ma « lettre que vous ignoriez, vous, ma seconde « âme ? Entrez dans la chambre de votre cœur, et « considérez les sentiments de votre véritable « affection, et vous connaîtrez l'affection de votre « véritable ami. En effet quoique nous ne nous « ressemblions pas au point d'être égaux par « nos mœurs, je n'ose cependant point dire « que nous soyons sans ressemblance. Mais à « coup sûr nous ne sommes nullement dissem- « blables par les dispositions de notre mutuel « amour (1). »

En tête de ses lettres, pour toute salutation, le saint ne met que ces mots : *A Gondulfe Anselme,* parce qu'il ne peut rien dire de plus ; il ne con- naît pas de termes assez expressifs pour rendre ses sentiments. « Mais quiconque connaît bien Gon- « dulfe et Anselme, quand il lit *A Gondulfe An-* « *selme,* ne peut ignorer ce qu'il y a de sous-en- « tendu dans ces deux noms, et tout ce qu'ils « contiennent d'affection. C'est à vous qui êtes un

____

1. I, 14.

« autre moi-même de les comprendre comme vous
« l'entendrez (1). »

Gondulfe est vraiment une partie de l'âme d'Anselme transportée de l'autre côté du détroit.

Faut-il s'étonner de voir ainsi revenir dans chacune de ses lettres la même pensée ou plutôt le
même sentiment ? Non sans doute. « L'amour,
« comme l'a si bien dit le moine le plus illustre
« de notre siècle qui lui aussi comprit admirable-
« ment l'amitié, l'amour n'a qu'un mot, et en le
« redisant toujours il ne le répète jamais (2). »

L'amitié de saint Anselme et de Gondulfe est
pleine de familiarité, mais de cette familiarité
noble que la vertu épure et que le respect contient. Dans son ami Anselme voit le moine et le
prêtre. Il y verra bientôt l'évêque et dès lors le
respect grandira dans son âme sans rien ôter à
sa tendresse.

Lanfranc qui appréciait tout le mérite de Gondulfe le fit nommer à l'évêché de Rochester.
« Quoique la dignité épiscopale et le respect qui
« lui est dû mettent votre personne bien au-dessus
« de moi, lui écrit Anselme, cependant — et je
« parle ainsi non par orgueil mais par affection
« — notre ancienne familiarité et notre étroite
« amitié m'élèvent à votre niveau. Quelque dis-
« tance que la dignité et le mérite mettent entre
« un vaillant évêque et un lâche moine, Gondulfe

---

1. I, 7.
2. Le Père Lacordaire. *Vie de saint Dominique.*

« et Anselme n'en sont pas moins unis par le
« liens d'une affection familière. Votre dignité
« épiscopale ne diminue en rien la confiance de
« mon amitié, car nous sommes toujours un seul
« cœur, grâce à l'égale familiarité de notre affec-
« tion (1). »

Le saint ne félicite pas son ami de son élévation : il connaît trop son humilité. Il le plaint au
contraire et l'encourage à porter avec une sainte
allégresse le fardeau que Dieu lui impose. Gondulfe a grand besoin de ces encouragements. Une
église en ruines qu'il lui faut renverser de fond en
comble pour en rebâtir une nouvelle, un clergé
sans piété et sans instruction dont encore il reste à
peine quelques membres, un peuple ignorant et
grossier, des abus et des désordres de tout genre,
tel est le spectacle qui s'offre aux regards du nouvel évêque de Rochester. Son saint ami du Bec ne
cesse de l'exhorter par ses lettres à ne point se
laisser abattre par toutes ces difficultés et à mettre
sa confiance en Dieu.

La pensée de Dieu, on a pu le voir par toutes ces
lettres, était constamment présente au milieu de
ces effusions de l'amitié. C'est elle qui leur com-
munique leur pénétrante ardeur et leur angélique
pureté. Ces pieux moines se regardaient et s'aimaient dans le cœur de Notre-Seigneur.

1. II, 3.

CHAPITRE XXXIV

Heureuse vieillesse de l'abbé Herluin. Il visite Lanfranc à
Cantorbéry. Lanfranc vient passer quelques jours au Bec
(1077). Mort de l'abbé Herluin (1078). Saint Anselme est
nommé abbé du Bec.

Le vénérable abbé Herluin bénissait Dieu d'avoir
multiplié sa chère famille du Bec et de lui avoir
donné des enfants tels qu'Anselme et Lanfranc.
Anselme était la joie de son cœur, sa plus douce
consolation, mais Lanfranc était pour lui un objet
de naïf et saint orgueil. Il était fier de lui comme
un père l'est de son fils. Aussi ne recula-t-il pas,
malgré sa vieillesse, devant le voyage d'Angleterre afin de jouir du bonheur de voir ce cher fils
dans tout l'éclat de la dignité primatiale.

Lanfranc accueillit son vénéré Père avec les plus
grandes marques de respect. « Il lui donnait tou-
« jours la première place, disent les vieilles chro-
« niques, et ne voulait être que le second ; il ne
« recevait jamais rien d'Herluin sans lui baiser la
« main, à moins que celui-ci ne la retirât bien
« vite. Il le faisait placer partout sur un siége plus
« élevé que celui des autres. Tout se faisait d'a-

« près les ordres d'Herluin. C'est lui qui pardon-
« nait aux domestiques les fautes dont ils s'étaien t
« rendus coupables : en un mot il était le maître
« de la maison. Plus la compagnie était nombreuse
« plus Lanfranc redoublait ses témoignages de
« considération. Il les lui prodiguait surtout en
« présence des grands du. royaume. Tous étaient
« dans l'étonnement, particulièrement les Anglais,
« en voyant l'archevêque de Cantorbéry descendre
« à de tels égards et à d'aussi respectueuses atten-
« tions. Le vénérable abbé aurait voulu, de son
« côté, rendre à Lanfranc les honneurs que récla-
« mait sa haute dignité ; mais ce dernier ne le
« permettait pas. »

Herluin rapporta de ce voyage une joie qui se
répandit sur tout le reste de sa vie. Elle ne devait
plus être longue : usé par les travaux et les ans, il
penchait visiblement vers sa fin. Mais Dieu réservait à son serviteur, avant qu'il descendît dans la
tombe, le bonheur de revoir une fois encore son
bien-aimé Lanfranc.

En l'année 1077, de graves affaires concernant
l'Église et le royaume amenèrent l'archevêque de
Cantorbéry auprès du roi Guillaume qui se trouvait alors en Normandie. Les affaires terminées, il
s'empressa de revoir son cher monastère du Bec
où son cœur l'appelait et où il était impatiemment
attendu.

Depuis son départ le Bec s'était considérable-
ment agrandi ; une nouvelle église dont le besoin

se faisait déjà sentir de son temps avait été cons-
truite dans un endroit plus salubre qu'il avait in-
diqué lui-même quand il était prieur. Il en fit la
consécration le 23 octobre 1077, avec une solennité
extraordinaire. Les évêques de Bayeux, de Lisieux,
d'Évreux, de Séez et du Mans entouraient l'illustre
archevêque de Cantorbéry. Le concours des prêtres
et des laïques était immense. La cérémonie terminée, Lanfranc resta pendant trois jours encore
avec ses frères du Bec. La joie de tous était grande
en revoyant au milieu d'eux leur ancien prieur
simple et cordial comme autrefois. Que se passa-
t-il entre Anselme et Lanfranc? L'histoire ne nous
le dit pas, mais il suffit de connaître ces deux
grands hommes et leur amitié réciproque pour
deviner ce qu'il y eut à la fois d'affectueux et d'élevé
dans leurs entretiens cœur à cœur.

Le plus heureux, le plus ému de tous, dans cette
fête de famille, c'était le vénérable abbé Herluin.
Il prodiguait à Lanfranc les marques de l'affection
la plus tendre tandis que celui-ci l'environnait des
marques de sa vénération. Par une délicatesse
vraiment filiale, en descendant de la montagne
auprès de laquelle est bâti le monastère, il quitta
l'anneau signe de sa prélature, et pendant tout le
temps qu'il passa au Bec, il ne le reprit que pour
célébrer les saints mystères. Devant Herluin,
disait-il, il n'était que prieur.

Quand le moment de la séparation fut arrivé,
Herluin ne put contenir son émotion. Son grand

âge lui disait assez qu'il allait embrasser pour la dernière fois celui qu'il aimait tant ! Il voulut, malgré l'épuisement de ses forces, l'accompagner jusqu'à une distance de deux milles, et là, il le quitta pour ne plus le revoir qu'au ciel. Rentré dans sa cellule, le vénérable vieillard se prit à fondre en larmes, et il s'écria : *Nunc dimittis servum tuum in pace !*

Ces émotions achevèrent d'user ses forces ; à partir de ce moment il tomba dans une langueur qui alla toujours en croissant. Il descendait un à un les degrés de la tombe. Le 19 août de l'année suivante (1078), sentant que sa fin était proche, il songea à se préparer au passage suprême par les sacrements de l'Église. Il les reçut avec une piété vive de la main du prieur, entouré de ses enfants qui priaient et pleuraient. Il vécut encore quelques jours : les religieux ne cessaient de se succéder tour à tour auprès de lui. Enfin le vendredi soir il voulut qu'on le laissât seul : il ne garda auprès de lui que Roger, abbé de Lessai, ancien moine du Bec, et l'un de ses enfants les plus dévoués. Par discrétion et charité Herluin n'avait point voulu retenir son bien-aimé prieur qu'il savait brisé de fatigue. Mais jaloux de partager avec Roger la consolation de passer auprès du lit de son Père une nuit qu'il prévoyait devoir être la dernière, Anselme revint aussitôt se glisser à la faveur de l'obscurité dans la chambre du malade, et y resta sans être aperçu. Herluin crut qu'il était allé prendre du repos. Au milieu de la nuit, impatient de le revoir il dit à Roger : Réveillez le prieur pour qu'il dise Matines avec nous. Vaincu par la lassitude, Anelme venait de s'endormir. A la voix de son Père, qui le demande il se réveille aussitôt et se présente à lui. Au point du jour, Herluin voulut recevoir de nouveau le saint viatique, et comme, par accidents il ne se trouvait pas d'hosties dans le ciboire, un prêtre qui célébrait la messe en ce moment donna pour le communier une parcelle de l'hostie qu'il venait de consacrer. Le pieux abbé n'avait plus qu'un souffle de vie ; mais il semblait attendre une dernière visite pour mourir. « *Où sont nos* « *seigneurs? Que tardent-ils? Pourquoi ne vien-* « *nent-ils pas?* » disait-il sans cesse à Roger. « Vénéré Père, ils sont dans les cloîtres ; ils vien- « dront quand vous le voudrez,» répondait Roger, pensant qu'il voulait parler des moines. Mais sans s'expliquer davantage le malade, un instant après murmurait encore d'une voix affaiblie la même question. Quelques-uns de ceux qui vinrent alors le visiter crurent mieux comprendre sa pensée en disant qu'il attendait les saints anges pour accompagner son âme devant Dieu. Il passa ainsi tout le jour, puis après l'office du soir, le vénéré malade poussa tout à coup un profond soupir : il venait de rendre son âme à Dieu.

Ainsi mourut le samedi 25 août 1078, à l'âge de quatre-vingt-quatre ans, le vénérable fondateur

du Bec, après avoir gouverné ce monastère comme abbé pendant quarante ans.

Quand les moines eurent rendu à leur Père les honneurs funèbres, ils songèrent à lui donner un successeur. Ils ne pouvaient être embarrassés, et leur choix ne se fit pas attendre : il n'y eut qu'une voix pour proclamer Anselme abbé. Effrayé et consterné, le saint prieur mit tout en œuvre pour écarter de lui la charge abbatiale. Il eut d'abord recours au raisonnement, exposant aux religieux avec beaucoup d'éloquence une foule de raisons qui lui paraissaient bien convaincantes et tout à fait propres à les décider à faire un autre choix. « Mais les moines n'écoutaient ses raisons qu'avec « impatience. Alors le saint entra dans de vives « angoisses. Plusieurs jours se passèrent sans « qu'il sût de quel côté se tourner. Enfin voyant « que ses paroles ne réussissaient pas à vaincre la « résolution bien arrêtée de ses frères, il voulut « essayer s'il ne pourrait pas les toucher par des « prières. Au moment où réunis sous la présidence « du prieur ils faisaient les plus vives instances « pour que, laissant de côté toutes ses objections, « il consentît à devenir leur abbé, celui-ci se mit « à fondre en larmes et à pousser des sanglots à « fendre l'âme, puis se prosternant à terre devant « tous ses frères, il les pria et les supplia, au nom « du Dieu tout-puissant, au nom de la pitié, s'il « en restait encore dans leur cœur, de vouloir « bien, par égard pour la miséricorde divine, jeter

« sur lui un regard de commisération, abandonner
« leur projet, et lui permettre de rester en paix et,
« de se dérober à un si grand fardeau. Mais eux
« tous, au contraire, se prosternèrent à leur tour
« et le conjurèrent d'avoir bien plutôt pitié du
« monastère et d'eux-mêmes, et de ne pas laisser
« croire, en sacrifiant ainsi le bien commun, qu'il
« n'aimait que lui-même et encore sans mesure.
« Il y eut encore de part et d'autre plusieurs au-
« tres scènes que nous nous abstenons de rappor-
« ter. Les religieux par leurs instances pleines
« d'habileté et leur habileté pleine d'instances
« finirent par l'emporter, car ils voulurent abso-
« lument porter le joug du Seigneur sous la direc-
« tion d'Anselme. Mais ce qui triompha bien plus
« encore et par-dessus tout des résistances de ce
« dernier, ce fut l'ordre que l'archevêque Maurille
« lui avait intimé, au nom de l'obéissance, de ne
« refuser en aucune manière une prélature plus
« élevée, si elle lui était imposée plus tard. Il
« assurait lui-même qu'il n'eut jamais consenti à
« devenir abbé, s'il ne se fût senti lié par cet ordre
« formel (1). »

Anselme avait dirigé la communauté du Bec
comme prieur pendant quinze ans. Ces quinze
années furent les plus belles et les plus douces de
sa vie ; celles où il put savourer tout à son aise,
pendant des loisirs qui devenaient, il est vrai, de

---

1. Eadm. *Vit. S. Ans.*, lib. I.

plus en plus rares, mais enfin qui jusqu'ici ne lui avaient pas été complétement enlevés, le calme de la solitude et les charmes de l'étude et de la contemplation. Désormais il n'aura plus qu'un pied dans le cloître : le moment de l'action est arrivé pour lui. Quinze ans plus tard ce sera celui de la lutte.

Au xi° siècle, l'abbé est un haut personnage ; c'est un seigneur mêlé à toute cette société de maîtres et de serfs, de guerriers et de vilains, qui donne au moyen âge un aspect pour nous si étrange. Il serait intéressant de suivre notre saint dans ce milieu nouveau, de le montrer tantôt à Cantorbéry auprès de son ami Lanfranc, tantôt à la cour du duc de Normandie, tantôt à celle du roi d'Angleterre, enfin au lit de mort du Conquérant qui, après sa chute à Mantes-sur-Seine, se hâte de faire appeler le saint abbé du Bec. Mais raconter les événements qui remplissent sa vie d'abbé, ses rapports avec saint Grégoire VII qui le félicite et recommande l'Église à ses prières, puis avec Urbain II qui lui témoigne la plus grande confiance, sa lutte avec le comte de Meulan, le commencement de sa controverse avec Roscelin, ce serait sortir de notre cadre : nous n'avons voulu peindre que la vie intime de cet illustre moine.

ÉPILOGUE.

—

L'étude que nous venons de faire se rattache à l'histoire de saint Anselme comme la source au fleuve qui en sort, comme la racine cachée à l'arbre chargé de fruits, comme le fondement invisible au majestueux édifice qu'il supporte, comme le foyer à la flamme qui en jaillit; mais elle a un sens propre et un but spécial : c'est de montrer, personnifiée et idéalisée en quelque sorte dans un grand moine, la vie intime du cloître au xie siècle. Ce que l'on connaît le moins de cette vie si peu connue, c'est son côté intime : on est trop porté à l'étudier par le dehors au lieu de l'étudier par le dedans.

Dans notre pensée, ce travail a un autre sens encore qui est le principal : nous avons voulu écrire une page de ce que nous appellerons volontiers l'archéologie psychologique.

Les âmes laissent dans leurs actions et dans leurs paroles une empreinte qu'on peut comparer

à l'effigie d'un médaillon et qui se couvre elle
aussi de la rouille du temps.

Quand le numismate découvre dans ses fouilles
une médaille antique, une pièce de monnaie du
vieux temps, il s'empresse d'en faire disparaître
la rouille, il l'étudie à la lumière de l'histoire et y
rattache tout un passé plein d'intérêt. Pourquo
n'y aurait-il pas une archéologie qui s'occuperait
à recueillir les empreintes de ces âmes fortement
marquées du cachet de leur temps et dans lesquelles se reflète la physionomie de tout un
siècle ? Quelle riche moisson de traits à la fois
instructifs et touchants il y aurait à recueillir
dans ces champs immenses de l'étude des âmes !
Quelle beauté, quelle lumière et quelle vie cette
étude apporte à l'histoire ! « L'histoire des peuples
« est une grande chose, dit l'éloquent auteur des
« *Moines d'Occident*, leurs révolutions, leurs des-
« tinées, leur mission, leur gloire, leurs châti-
« ments, leurs héros, leurs dynasties, leurs ba-
« tailles, tout cela est beau, vaste et fécond. Mais
« combien l'histoire des âmes n'est-elle pas plus
« vaste et plus féconde encore (1) ! »

Le positivisme travaille à s'emparer de l'histoire : il faut la lui arracher. A une science étroite
qui s'efforce d'arrêter nos regards à l'horizon des
faits, il faut opposer une science large qui au-
dessus des faits nous montre des âmes et, au-

____

1. *Les Moines d'Occident*. Introduction.

dessus des âmes, Dieu. Que me font vos faits et vos dates ? Montrez-moi donc des âmes ! L'histoire n'est pas un musée de momies ; c'est une galerie de figures vivantes. Les faits ne sont que des symboles transparents destinés à nous laisser apercevoir des âmes, et les âmes sont le miroir où se reflète l'action de Dieu. Des faits remonter aux âmes et des âmes à Dieu, telle est la grande loi de l'histoire.

FIN.

205. — Abbeville. — Typ. et stér. Gustave Retaux.

TABLE DES MATIÈRES

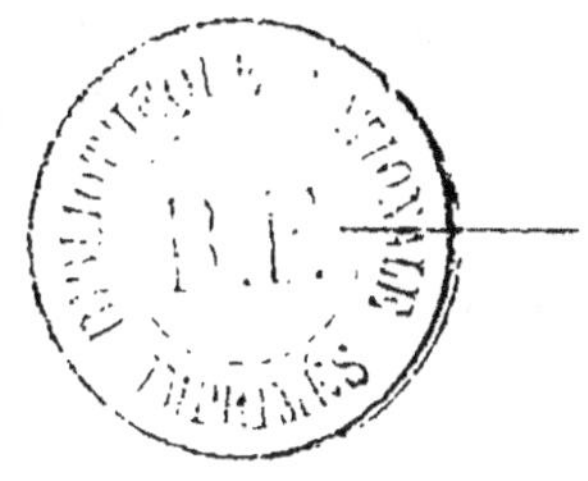